高等职业技术教育精品教材——工程测量技术类

线桥隧施工测量

实训指导与报告书

（第2版）

主　编　张福荣

主　审　吴　迪

西南交通大学出版社

·成　都·

图书在版编目（CIP）数据

线桥隧施工测量实训指导与报告书 / 张福荣主编
．—成都：西南交通大学出版社，2020.8（2024.7 重印）
ISBN 978-7-5643-7531-7

Ⅰ．①线… Ⅱ．①张… Ⅲ．①道路测量－高等职业教育－教材②桥梁测量－高等职业教育－教材③隧道测量－高等职业教育－教材 Ⅳ．①U412.24②U442.4③U452.1

中国版本图书馆 CIP 数据核字（2020）第 144000 号

Xianqiaosui Shigong Celiang Shixun Zhidao yu Baogaoshu

线桥隧施工测量实训指导与报告书

主　编 / 张福荣

责任编辑 / 王　旻
封面设计 / 曹天擎

西南交通大学出版社出版发行
（四川省成都市金牛区二环路北一段 111 号西南交通大学创新大厦 21 楼　610031）
发行部电话：028-87600564　028-87600533
网址：http://www.xnjdcbs.com
印刷：四川玖艺呈现印刷有限公司

成品尺寸　185 mm × 260 mm
印张　10　　字数　206 千
版次　2020 年 8 月第 1 版　　印次　2024 年 7 月第 5 次

书号　ISBN 978-7-5643-7531-7
定价　38.00 元

课件咨询电话：028-81435775
图书如有印装质量问题　本社负责退换

前　言

PREFACE

本书是与“线桥隧施工测量”教材配套的一本实训教材，主要是依据高等职业教育对技术技能型人才培养的要求和测绘技术变革带来的对职业岗位能力的需求而选取的实训任务，内容包括课内实训和综合实训两大部分，课内实训主要包括 22 个实训任务，综合实训包括 4 个实训任务。本书不仅适用于高职院校，同时也可作为企业员工培训的配套教材。全书由陕西铁路工程职业技术学院张福荣编写。

本书在编写过程中参阅了大量的文献资料，引用了部分内容，在此对原作者表示感谢。同时也感谢编者单位和西南交通大学出版社给予的大力支持和帮助。

由于时间仓促和编者水平所限，书中难免有不妥之处，敬请批评指正。

编　者

2020 年 3 月

目 录

CONTENTS

实训须知

一、实训目的

线桥隧施工测量是一门实践性较强的课程，实训教学是课程教学内容的重要组成部分。通过实训使学生能够将所学的理论知识应用到实践中，掌握测量仪器的基本操作、外业数据采集和内业计算方法，同时培养学生分析问题、解决问题的能力和严谨细致、精益求精的工匠精神，以及吃苦耐劳、团结协作的优良品质，以进一步提升学生的职业能力和职业素养。

二、实训要求

（1）实训以组为单位，3～5 人一组，每组设组长 1 人，组织协调相关事宜。

（2）实训开始前，小组成员认真研讨实训任务，学习相关资料，明确实训目的和内容要求。

（3）实训期间，应严格遵守课堂纪律，不得迟到、早退，不得做与实训无关的事情。

（4）实训期间，应严格遵守“测量仪器使用规则”和“测量记录与计算规则”。

（5）实训期间，应严格听从实训指导老师的安排，认真完成实训任务。

（6）实训期间，应爱护周边的花草树木及农作物，不得擅自进入，同时爱护公共设施，不得随意损坏。

（7）实训期间，应注意人身安全与仪器安全。

（8）实训结束，小组成员应提交合格的实训测量成果。

三、实训仪器设备借领

（1）借领仪器设备前，小组组长应填写借用仪器的设备清单。

（2）借领仪器设备时，小组成员应根据仪器设备清单清点数量并进行仪器设备检查，检查发现仪器设备有缺损现象，应立即告知仪器室教师，以便进行补领和更换，待确认无误后，由小组组长签字借领。

（3）实训期间所借仪器设备，一定应妥善保管，安排专人负责，小组之间不得私自调换或转借他人使用。

（4）实训结束，应归还所借仪器设备，经仪器室教师检查确认仪器完好无损后，办理相关手续后，方可离开。若仪器丢失或损坏，应写出书面报告，说明情况，并按学校有关规定给予赔偿。

四、测量仪器设备使用规则

测量仪器均为精密贵重仪器，一定要精心使用和科学保养，在使用过程中必须按操作规程规范进行。

（1）对仪器性能尚未了解的部件，未经指导教师许可，不得擅自操作。

（2）打开仪器箱前，应把仪器箱平放在地面上，开箱后，要观测仪器在箱中的安放位置，以免装箱时因位置不正确而损坏仪器。

（3）仪器从箱中取出时，应一手托住支架，另一手扶住基座，轻拿轻放。

（4）仪器和三脚架连接时，一手握住仪器，另一手拧中心螺旋，直到仪器与脚架连接牢固后方可松手。

（5）仪器连接好后，应立即关闭箱盖，以免灰尘和湿气进入箱内。

（6）操作仪器时，动作要轻、稳、慢，不要用手触摸仪器的光学镜头，决不允许用布或纸擦拭镜头，以免损伤镜头。

（7）转动仪器时，一定要松开制动螺旋，不可强行转动，以免损坏仪器。

（8）调节螺旋时，一定要均匀用力，以免损伤螺旋。

（9）短距离迁站时，应松开制动螺旋，将三脚架轻轻合拢，放于腋下，一手抱着三脚架，一手托着仪器，稳步前行，禁止肩扛仪器迁站。在困难地区或长距离迁站时，应将仪器装箱。

（10）迁站时切勿抱着仪器跑行，以免摔坏仪器。

（11）携带仪器时，应注意检查仪器箱盖是否关紧锁好，把手、背带是否牢固。

（12）带有补偿器的仪器，观测结束后，应及时关闭补偿器，防止由于震动损坏补偿器装置。

（13）不准将水准尺靠在墙上、树上以及其他支撑物上，防止意外损坏。对于塔尺，用完后应及时将尺子收回。

（14）钢尺的使用，应防止扭曲、打结和折断，不要将钢尺在地面上拖拉，防止行人踩踏或车辆碾压，尽量避免尺身着水，以防钢尺受潮。钢尺用完后，应用油棉纱擦干净，以免生锈。

（15）电子测量仪器更换电池时，一定要先关闭电源。

（16）透镜表面有灰尘或其他污物，应先用软毛刷轻轻拂去，再用镜头纸擦拭，严禁用手帕、粗布或其他纸张擦拭，以免损坏镜头。观测结束后应及时套好物镜盖。

（17）严禁踩踏仪器箱，仪器箱上严禁坐人。

（18）仪器装箱时，应将制动螺旋松开，其他螺旋调节到中间位置。电子测量仪器装箱之前，一定要先关闭电源。

（19）仪器必须专人看管，在烈日下必须打遮阳伞。

（20）实训期间，若仪器出现故障，应及时向实训指导教师报告，严禁自行拆卸仪器。

（21）实训结束后，应清点仪器设备数量，及时归还仪器室。

五、测量记录与计算规则

测量记录是测量成果的原始数据，通过对原始数据的计算分析，最终获取测量成果，因此作为测量人员，一定养成良好的职业习惯，严格按照要求记录、计算：

（1）记录观测数据之前，应将表头栏目填写齐全，不得空白。

（2）测量记录应使用铅笔（2H 或 3H）书写，不得使用钢笔或圆珠笔填写，要求字体端正清晰，字体的大小一般占格高的 1/2 或 2/3。

（3）记录的数据禁止用橡皮擦，严禁涂改、转抄，以保持记录的原始性和真实性。如果记录错误，应以斜线划掉，将正确的写在其上方。

（4）观测数据尾数不得更改，记错或读错后必须重新观测。

（5）记录的数据如果修改，均应在备注栏加以说明，如测错、记错等。

（6）一个测站观测完后，必须进行计算和检核，确认无误后，方能搬站。

（7）有效数字的位数，反映观测的精度，例如在水准测量记录中，如果为 2.88，则表示观测到厘米，如果为 2.880，则表示观测到毫米。因此，在记录时一定要注意不管 0 是在小数点前还是小数点后，都不能省略。

（8）测量计算的取位原则为四舍六入、五前奇进偶不进，如 1.535 m 和 1.545 m 取小数点后两位均为 1.54 m。

学习笔记

第一部分　课内实训

任务一　已知水平距离的测设

一、实训目的

（1）了解相关测量资料，熟悉相关的施工图纸。

（2）熟悉国家、行业测量规范，掌握测量规范中的技术要求。

（3）掌握全站仪的使用方法。

（4）掌握已知水平距离的测设方法。

（5）培养精益求精的工匠精神和吃苦耐劳、团结协作的优良品质。

二、实训任务

已知地面上 A、C 两点，给定 A、B 两点的设计距离 D_{AB}，按照测设已知水平距离的方法，在 AC 直线上测设出 B 点，并标记在地面上。

三、实训仪器设备及工具

全站仪 1 套、棱镜 1 个、对中杆 1 个、木桩若干、斧头 1 把，自备铅笔、小刀、油漆等。

四、实训方法及步骤

（1）指导教师讲解实训内容、方法、步骤及注意事项。

（2）给定已知方向 AC 和已知距离 AB。

（3）安置全站仪在测站点 A，瞄准目标点 C 点，固定制动螺旋，视线方向即为 AC 方向。

（4）司镜人员指挥另一测量人员移动棱镜，然后进行距离测量，当仪器上显示的距离为已知设计距离 D_{AB} 时，在棱镜位置打木桩，准确标出 B_1 位置。

（5）同理进行第二次测设，标出 B_2 点的位置。

（6）当两次测设的误差在允许范围内时，取 B_1 点和 B_2 点的中点作为测设 B 点的位置。

五、实训注意事项

（1）司镜人员和操作棱镜人员一定要密切配合。

（2）棱镜在移动过程中速度一定要慢。

（3）用红油漆标注位置时要准确清晰。

六、实训报告

1. 记录手簿（见表 1.1.1）

表 1.1.1　测设已知水平距离记录手簿

日　期：　　　　天　气：　　　　仪　器：

组　别：　　　　观　测：　　　　记　录：

方向	设计长度/m	测量长度/m	差值/mm	备注

2. 实训小结

实训小结	

3. 思考题

简述测设已知水平距离的步骤。

任务二 已知水平角的测设

一、实训目的

（1）了解相关测量资料，熟悉相关的施工图纸。

（2）熟悉国家、行业测量规范，掌握测量规范中的技术要求。

（3）掌握全站仪的使用方法。

（4）掌握测设已知水平角的一般方法。

（5）掌握测设已知水平角的精密方法。

（6）培养精益求精的工匠精神和吃苦耐劳、团结协作的优良品质。

二、实训任务

已知 OA 方向，设计角值 $\angle AOB$，按一般方法和精密方法测设另一方向 OB，并在地面上标记出来。

三、实训仪器设备及工具

全站仪 1 套、棱镜 1 个、对中杆 1 个、斧头 1 把、木桩和小钉若干，自备铅笔、小刀、油漆等。

四、实训方法及步骤

（1）指导教师讲解实训内容、方法、步骤及注意事项。

（2）在实训场地选定 OA 方向。

（3）测设已知水平角的一般方法。

① 将全站仪安置在测站点 O，盘左位置瞄准 A 点，按置零键使水平度盘的读数为 $0°00'00''$。

② 松开制动螺旋，旋转照准部，当水平度盘读数为设计角值 $\angle AOB$ 时，沿视线方向打一木桩，在木桩上标出 B_1 点。

③ 将望远镜倒镜，变成盘右，按照上述方法标出 B_2 点。

④ 将 B_1 点和 B_2 点连线，取其中点位置 B 点，则 OB 方向即为要测设的方向。

（4）测设已知水平角的精密方法。

① 按照一般方法测设出 B'点的位置。

② 采用测回法对$\angle AOB'$进行多个测回观测，求其平均值 β' 。

③ 计算差值 $\Delta\beta = \beta - \beta'$ 。

④ 计算垂距改正值 $BB' = D_{OB'} \times \tan \Delta\beta \approx D_{OB'} \dfrac{\Delta\beta}{\rho}$（ $\rho = 206\ 265''$ ）

⑤ 从 B 点沿 AB 方向作垂线，量取垂距 BB'，重新标出 B'点，则 OB'即为要测设的方向。

五、实训注意事项

（1）当 $\Delta\beta$ 为正时，由 B'点向外量取；当 $\Delta\beta$ 为负时，由 B'点向内量取。

（2）一定要采用正倒镜分中法测设。

（3）小组成员之间一定要密切配合。

（4）度盘配置读数一定要计算正确。

（5）用红油漆标注位置时要准确清晰。

六、实训报告

1. 记录手簿（见表 1.2.1～1.2.3）

表 1.2.1　一般方法测设已知水平角记录手簿

日　期：　　　　天　气：　　　　仪　器：

组　别：　　　　观　测：　　　　记　录：

方向	设计角值/(° ′ ″)	配置度盘读数/(° ′ ″)		备注
		盘左	盘右	
OA				
OB				

表 1.2.2 精密方法测设已知水平角记录手簿（一）

日　期:　　　　　　　　天　气:　　　　　　　　仪　器:

组　别:　　　　　　　　观　测:　　　　　　　　记　录:

测站	目标	盘位	水平读数 /(° ′ ″)	半测回角值 /(° ′ ″)	一测回角值 /(° ′ ″)	平均角值 /(° ′ ″)	备注

表 1.2.3 精密方法测设已知水平角记录手簿（二）

日　期:　　　　　　　　天　气:　　　　　　　　仪　器:

组　别:　　　　　　　　观　测:　　　　　　　　记　录:

设计角值 /(° ′ ″)	观测角值 /(° ′ ″)	差值 /(° ′ ″)	边长 /m	改正值 /mm

2. 实训小结

实训小结	

3. 思考题

（1）简述测设已知水平角的一般方法。

（2）精密测设已知水平角时，如何确定改正值的移动方向。

任务三　点的平面位置测设

一、实训目的

（1）了解相关测量资料，熟悉相关的施工图纸。

（2）熟悉国家、行业测量规范，掌握测量规范中的技术要求。

（3）掌握全站仪的使用方法。

（4）掌握放样元素的计算方法。

（5）掌握极坐标法的放样方法。

（6）培养精益求精的工匠精神和吃苦耐劳、团结协作的优良品质。

二、实训任务

已知控制点 A 和 B，其坐标分别为（x_A，y_A）和（x_B，y_B），某点 P 的设计坐标为（x_P，y_P），采用极坐标法将 P 点测设到地面上，并进行标记。如图 1.3.1 所示。

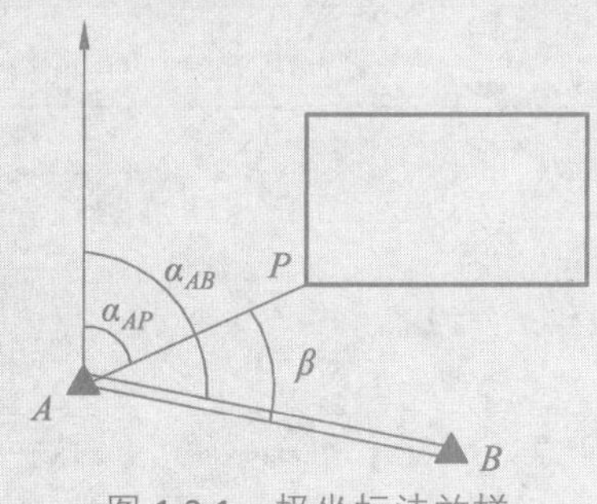

图 1.3.1　极坐标法放样

三、实训仪器设备及工具

全站仪 1 套、带基座棱镜 1 套、对中杆 1 个、木桩和小钉若干、斧头 1 把，自备铅笔、小刀、红油漆。

四、实训方法及步骤

（1）指导教师讲解实训内容、方法、步骤及注意事项。

（2）在实训场地选取两个控制点 A 和 B，其坐标分别为（x_A，y_A）和（x_B，x_B）。

（3）根据已知点和待测设点坐标利用坐标反算公式计算测设角度和测设距离，坐标反算公式如下：

① 计算坐标差。

$$\Delta x = x_B - x_A$$
$$\Delta y = y_B - y_A$$

② 计算象限角。

$$R_{AB} = \arctan\left|\frac{y_B - y_A}{x_B - x_A}\right|$$

③ 依据坐标方位角与象限角的关系计算坐标方位角，方位角与象位角关系见表 1.3.1。

表 1.3.1　方位角与象限角关系

象限	方位角与象限角关系
一	$\alpha_{AB} = R_{AB}$
二	$\alpha_{AB} = 180° - R_{AB}$
三	$\alpha_{AB} = 180° + R_{AB}$
四	$\alpha_{AB} = 360° - R_{AB}$

④ 计算水平距离。

$$D_{AP} = \sqrt{(x_P - x_A)^2 + (y_P - y_A)^2}$$

（4）将全站仪安置于 A 点，对中、整平，瞄准 B 点定向，得到水平度盘读数 a 。

（5）松开制动螺旋，旋转照准部，使得水平度盘读数为 $\alpha - \beta$（其中 $\beta = \alpha_{AB} - \alpha_{AP}$），这时视线方向即为待测设点的方向。

（6）由 A 点沿着确定的方向测设水平距离 D_{AP}，即可得到待测设点 P。

五、实训注意事项

（1）计算方位角时一定要正确无误。

（2）后视定向时，瞄准后视点要精准。

（3）拨角时注意度盘的读数要正确。

六、实训报告

1. 记录手簿（见表 1.3.2）

表 1.3.2　测设点的平面位置记录手簿

日　期：　　天　气：　　仪　器：

组　别：　　观　测：　　记　录：

<table>
<tr><th>点号</th><th>X 坐标/m</th><th>Y 坐标/m</th><th>坐标方位角/(° ′ ″)</th><th>水平距离/m</th></tr>
<tr><td rowspan="2">P</td><td rowspan="2"></td><td rowspan="2"></td><td></td><td></td></tr>
<tr><td rowspan="2">$\alpha_{AP}=$</td><td rowspan="2"></td></tr>
<tr><td rowspan="2">A</td><td rowspan="2"></td><td rowspan="2"></td></tr>
<tr><td rowspan="2">$\alpha_{AB}=$</td><td rowspan="2"></td></tr>
<tr><td rowspan="2">B</td><td rowspan="2"></td><td rowspan="2"></td></tr>
<tr><td></td><td></td></tr>
<tr><td colspan="5">备注：$\beta=\alpha_{AB}-\alpha_{AP}=$

$D_{AP}=\sqrt{(x_P-x_A)^2+(y_P-y_A)^2}=$</td></tr>
</table>

2. 实训小结

实训小结	

3. 思考题

（1）简述极坐标法测设点位的方法。

（2）点的平面位置的测设方法有哪几种?

任务四 已知高程点的测设

一、实训目的

（1）了解相关测量资料，熟悉相关的施工图纸。

（2）熟悉国家、行业测量规范，掌握测量规范中的技术要求。

（3）掌握水准仪及水准尺的使用方法。

（4）掌握已知高程测设数据的计算方法。

（5）掌握已知高程点的测设方法。

（6）培养精益求精的工匠精神和吃苦耐劳、团结协作的优良品质。

二、实训任务

已知水准点 A 点的高程 H_A，待测设点 B 点的设计高程 H_B，将 B 点测设在地面上，并作出标记。

三、实训仪器设备及工具

水准仪 1 套、水准尺 2 把、木桩若干、斧头 1 把，自备铅笔、小刀、油漆等。

四、实训方法及步骤

（1）指导教师讲解实训内容、方法、步骤及注意事项。

（2）给定已知点 A 的高程为 H_A、待测设点 B 的高程为 H_B。

（3）安置仪器在 A 点和 B 点中间位置，读取 A 点水准尺的读数为 a。

（4）计算 B 点水准尺的读数 b。

$$b=(H_A+a)-H_B$$

（5）在 B 点打木桩，将前视水准尺紧贴木桩，上下慢慢移动水准尺，当前视水准尺读数为 b 时，则尺底位置刚好为要测设点 B 的位置。

（6）在尺底用红油漆标注即可。

五、实训注意事项

（1）司镜人员和扶尺人员一定要密切配合。

（2）水准尺在移动过程中一定要慢，而且要求水准尺必须处于铅垂位置。

（3）用红油漆标注位置时要准确清晰。

六、实训报告

1. 记录手簿（见表 1.4.1、表 1.4.2）

表 1.4.1　测设已知高程点记录手簿

日　期：　　　　　天　气：　　　　　仪　器：

组　别：　　　　　观　测：　　　　　扶　尺：

点号	已知（设计）高程/m	水准尺读数/m		备　注
		后　视	前　视	
BM_A				
B				
C				
D				

表 1.4.2　测设已知高程点检核记录手簿

日　期：　　　　　天　气：　　　　　仪　器：

组　别：　　　　　观　测：　　　　　扶　尺：

测点	水准尺读数/m		测量高程/m	设计高程/m	差值/mm	备注
	后视	前视				
BM_A						
B						
C						
D						

2. 实训小结

实训小结	

3. 思考题

（1）简述测设已知高程点的步骤。

（2）简述在施工中需要向深基坑或较高的建筑物上如何测设已知高程点。

学习笔记

任务五　线路纵断面测量

一、实训目的

（1）了解相关测量资料，熟悉相关的施工图纸。

（2）熟悉国家、行业测量规范，掌握测量规范中的技术要求。

（3）掌握水准仪的使用方法。

（4）掌握基平测量、中平测量的方法，以及线路纵断面图的绘制方法。

（5）培养精益求精的工匠精神和吃苦耐劳、团结协作的优良品质。

二、实训任务

（1）基平测量。已知某铁路线附近的 BM_A、BM_B 两点，其高程 $H_A = 382.996$ m、$H_B = 382.712$ m，采用附合水准测量，按照五等水准测量精度要求，测定待定点 BM_1、BM_2、BM_3 的高程。

（2）中平测量。已知某铁路线路，其中线上各控制桩、百米桩、加桩已在地面上标定出来，测定各桩点的地面高程。

（3）根据各桩点的里程和测定的地面高程绘制线路纵断面图。

三、实训仪器设备及工具

水准仪 1 套、水准尺 2 把、尺垫 2 个、木桩若干、斧头 1 把，自备铅笔、小刀、记录手簿等。

四、实训方法及步骤

1. 基平测量

（1）指导教师讲解实训内容、方法、步骤及注意事项。

（2）在实训场地，给定两个已知点 BM_A、BM_B 和 3 个待测点 BM_1、BM_2、BM_3，构成附合水准路线。

（3）从给定的已知点 BM_A 出发，按照五等水准测量的方法，测至待测点 BM_1、BM_2、BM_3 点，最后附合至已知点 BM_B。

（4）将每测站外业观测数据记入表中，并计算测段高差。

（5）计算高差闭合差及容许闭合差。

高差闭合差：$f_h = \sum h - (H_B - H_A)$

容许闭合差：$F_h = \pm 30\sqrt{L}$ mm

式中 L——附合水准单程路线长（各测段水准路线长度的总和，单位 km）；若 $f_h \leqslant F_h$，精度合格；若 $f_h > F_h$，精度不合格，重新观测。

（6）计算改正值及改正后的高差。

改正值：$$v_i = -\frac{f_h}{\sum L} L_i$$

检核：$$\sum v_i = -f_h$$

改正后高差：$$h_i' = h_i + v_i$$

检核：$$\sum h_i' = H_B - H_A$$

（7）计算各点高程。

$$H_{前} = H_{后} + h_i'$$

2. 中平测量

（1）在实训场地给定两个已知点 BM_A 和 BM_B，构成附合水准路线。

（2）在线路附近安置水准仪，观测水准点和转点上的后视读数 a 和前视读数 b，同时观测线路上中桩点的中视读数 c。中桩点高程应观测两次，两次差值应小于 10 cm，在允许范围内，以第一次测量结果为准。

（3）依次类推，按照上述方法测出每一个中桩点的地面高程，附合到另一个已知点 BM_B。

（4）计算及检核。

$$H_{视线} = H_{后} + a$$

$$H_{中} = H_{视线} - c$$

$$H_{转} = H_{视线} - b$$

限差要求：$\pm 50\sqrt{L}$ mm

式中 L——水准路线长度，以 km 计。

3. 绘制纵断面图

（1）准备一张毫米方格纸，绘制直角坐标系，水平方向表示里程，竖直方向表示高程。

（2）高程比例尺按照 1∶1 000、里程比例尺按照 1∶10 000 绘制。一般高程比例尺比水平距离比例尺大 10 倍，主要是为了突出地面的起伏变化。里程按比例从左向右绘出百米桩和公里桩，绘在方格纸的厘米分划线上。

（3）根据中线桩的里程和地面高程，在图的上部标记出中桩的位置，连接各中桩点所得的折线即为线路中线的地面线。

（4）在纵断面图上按照专用符号标明车站、桥涵、隧道等位置，同时应注明沿线水准点的编号、位置及高程。

（5）在纵断面图的上部表示线路中线经过地貌的自然状况及线路设计的高程位置以及桥涵、隧道、车站、水准点等的位置。

（6）在纵断面图的下部表示线路经过地区的地质情况及各项设计资料，主要包括设计坡度、路肩设计高程、加桩、线路平面、连续里程等。

五、实训注意事项

（1）在进行中平测量时，控制点应立尺于桩顶上，而中桩点应立尺在地面上。

（2）在进行中平测量时，已知点、转点读数应读到 mm，中视点读数应读到 cm。

（3）在绘制纵断面图时，注意断链的处理，在前后两百米桩间的平距不能按比例绘制，应在上下各画一粗线段，并在方格内注明实际长度。

（4）绘制线路中线平面示意图时，应注意直线表示线路中线的直线段，折线表示线路中线的曲线段，向上凸出表示右转曲线，向下凸出表示左转曲线。

（5）闭合差调整与待测点高程计算时，每一步都要检核。

六、实训报告

1. 记录手簿（见表 1.5.1 ~ 1.5.3）

表 1.5.1 基平水准测量记录手簿

日 期: 天 气: 仪 器:

组 别: 观 测: 扶 尺:

测 点	水准尺读数/m		高 差/m
	后视	前视	
备注			

表 1.5.2　基平水准测量高程计算手簿

点号	实测高差/m	水准路线长度/m	高差改正数/m	改正后高差/m	改正后高程/m
辅助计算					

表 1.5.3　中平水准测量记录手簿

日　期:　　　　　　　　天　气:　　　　　　　　仪　器:

组　别:　　　　　　　　观　测:　　　　　　　　扶　尺:

测点	水准尺读数/m			视线高程/m	计算高程/m	采用高程/m
	后视	前视	中视			
备注:						

2. 绘制断面图

3. 实训小结

实训小结	

4. 思考题

（1）什么是基平测量？什么是中平测量？

（2）为什么要进行线路纵断面测量？

任务六 线路横断面测量

一、实训目的

（1）了解相关测量资料，熟悉相关的施工图纸。

（2）熟悉国家、行业测量规范，掌握测量规范中的技术要求。

（3）掌握全站仪的使用方法。

（4）掌握线路横断面测量的方法。

（5）掌握线路横断面图的绘制方法。

（6）培养精益求精的工匠精神和吃苦耐劳、团结协作的优良品质。

二、实训任务

已知某铁路线，其中线上各控制桩、百米桩、加桩已在地面上标定出来，测定圆曲线 DK64+200 桩点处的横断面。

三、实训仪器设备及工具

全站仪 1 套、棱镜 1 个、对中杆 1 个、木桩若干、斧头 1 把，自备铅笔、小刀、记录手簿等。

四、实训方法及步骤

（1）指导教师讲解实训内容、方法、步骤及注意事项。

（2）计算 DK64+200 桩点与另一桩点的弦切角 δ。

（3）将全站仪置于 DK64+200 桩点处，瞄准另一桩点，使水平度盘读数为 0°00′00″。

（4）拨 $90° \pm \delta$，这时望远镜视线方向即为 DK64+200 桩点的横断面方向。

（5）在横断面方向上，变坡点处放置棱镜，观测水平距离与高差。

（6）绘制横断面图。在一张毫米方格纸上绘制坐标系，水平方向表示平距，竖直方向表示高程，绘制比例尺 1∶200。

（7）以 DK64+200 中桩点为准，根据测点至中桩的距离和高差，绘出变坡点点位。

（8）依次连接各点形成一条折线，该折线即为中桩处的横断面图。

五、实训注意事项

（1）横断面施测的密度及宽度，应根据沿线的地形和地质情况以及设计需要确定，一般每侧不小于 30 m。

（2）横断面一般应在曲线控制桩、公里标、百米标、线路纵、横向地形明显变化处。

（3）横断面在高路堤、深路堑，以及地质不良地段，应根据设计需要适当加密。

（4）绘制横断面图时，每行横断面中心线应排在一条线上。

（5）绘制横断面图时，应按里程桩号的顺序自下而上，由左到右排列。

六、实训报告

1. 记录手簿（见表 1.6.1）

表 1.6.1　横断面测量记录手簿

日　期：　　　　天　气：　　　　仪　器：

组　别：　　　　观　测：　　　　记　录：

左侧高差/m					桩号	右侧高差/m				
左侧距离/m						右侧距离/m				

2. 绘制横断面图

3. 实训小结

实训小结	

4. 思考题

（1）简述全站仪测横断面图的步骤。

（2）横断面图的作用是什么？

学习笔记

任务七 单圆曲线主点的测设

一、实训目的

（1）了解相关测量资料，熟悉相关的施工图纸。

（2）熟悉国家、行业测量规范，掌握测量规范中的技术要求。

（3）掌握全站仪的使用方法。

（4）掌握单圆曲线曲线要素以及主点坐标的计算方法。

（5）掌握单圆曲线主点的测设方法。

（6）培养精益求精的工匠精神和吃苦耐劳、团结协作的优良品质。

二、实训任务

已知圆曲线的转向角α、圆曲线半径 R 以及 JD 点的里程，计算曲线要素及各主点里程，并将 ZY 点、QZ 点、YZ 点测设在地面上。

三、实训仪器设备及工具

全站仪 1 套、带基座棱镜 1 套、对中杆 1 个、木桩若干、斧头 1 把，自备铅笔、小刀、记录手簿等。

四、实训方法及步骤

（1）指导教师讲解实训内容、方法、步骤及注意事项。

（2）根据给定的圆曲线的转向角α、圆曲线半径 R 以及 JD 点的里程，计算曲线要素及各主点里程。

切线长： $T = R \cdot \tan\frac{\alpha}{2}$

曲线长： $L = \frac{\pi}{180°} R\alpha$

外矢距： $E_0 = R\left(\sec\frac{\alpha}{2} - 1\right)$

切曲差： $q = 2T - L$

（3）根据给定的 JD 点里程，计算 ZY 点、QZ 点、YZ 点的里程。

$$ZY\text{ 点里程}=JD\text{ 点里程}-T$$

$$QZ\text{ 点里程}=ZY\text{ 点里程}+\frac{L}{2}$$

$$YZ\text{ 点里程}=ZY\text{ 点里程}+L=QZ\text{ 点里程}+\frac{L}{2}$$

计算检核：JD 点里程 = YZ 点里程 $-T+q$

（4）将全站仪安置在 JD 点，后视直线上转点或交点，按置零键，使水平度盘的读数为 0°00′00″，沿视线方向量取切线长 T，打木桩钉小钉，测得 ZY 点。

（5）旋转照准部，使水平度盘读数为（$180°-\alpha$）/2，沿视线方向量取外视距 E_0 打木桩钉小钉，测得 QZ 点。

（6）按照测设 ZY 点的方法，可以测得 YZ 点。

五、实训注意事项

（1）切线长度要进行两次测量，其相对误差不大于 1/2 000，取平均值确定位置。

（2）QZ 点应该采用盘左、盘右分中确定。

六、实训报告

1. 记录手簿（见表 1.7.1）

表 1.7.1　单圆曲线主点测设记录手簿

日　期：　　天　气：　　仪　器：

组　别：　　观　测：　　记　录：

已知元素	曲线要素	主点里程
转向角 $\alpha=$	切线长 $T=R\tan\frac{\alpha}{2}=$	ZY 点里程 = JD 点里程 $-T=$
圆曲线半径 $R=$	曲线长 $L=\frac{\pi}{180°}R\alpha=$	QZ 点里程 = ZY 点里程$+\frac{L}{2}=$
JD 的里程=	外矢距 $E_0=R\left(\sec\frac{\alpha}{2}-1\right)=$	YZ 点里程 = ZY 点里程$+L=$
	切曲差 $q=2T-L=$	JD 点里程 = YZ 点里程 $-T+q=$
备注：		

2. 实训小结

实训小结	

3. 思考题

（1）简述利用全站仪极坐标法测设单圆曲线主点的方法。

（2）当 JD 点不能置镜时，如何测设单圆曲线主点？

学习笔记

任务八　单圆曲线的详细测设

一、实训目的

（1）了解相关测量资料，熟悉相关的施工图纸。

（2）熟悉国家、行业测量规范，掌握测量规范中的技术要求。

（3）掌握全站仪的使用方法。

（4）掌握单圆曲线曲线要素以及细部点坐标计算方法。

（5）掌握极坐标法测设单圆曲线细部点的方法。

（6）培养精益求精的工匠精神和吃苦耐劳、团结协作的优良品质。

二、实训任务

已知圆曲线的左转向角α、圆曲线半径 R、JD 点的里程、JD 点的坐标（X_{JD}，Y_{JD}）及 JD 点与 ZY 点所在切线的坐标方位角 α_{JZ}，计算曲线要素、各主点里程以及细部点的坐标（按照 20 m 设点），并将其标注在地面上。

三、实训仪器设备及工具

全站仪 1 套、带基座棱镜 1 套、对中杆 1 个、木桩若干、斧头 1 把，自备铅笔、小刀、记录手簿等。

四、实训方法及步骤

（1）指导教师讲解实训内容、方法、步骤及注意事项。

（2）根据给定的圆曲线转向角α、圆曲线半径 R 以及 JD 点的里程，计算曲线要素。

切线长：$$T = R\tan\frac{\alpha}{2}$$

曲线长：$$L = \frac{\pi}{180^\circ}R\alpha$$

外矢距：$$E_0 = R\left(\sec\frac{\alpha}{2} - 1\right)$$

切曲差：$$q = 2T - L$$

（3）根据给定的 JD 点里程，计算 ZY 点、QZ 点、YZ 点的里程。

$$\text{ZY 点里程} = \text{JD 点里程} - T$$

$$\text{QZ 点里程} = \text{ZY 点里程} + \frac{L}{2}$$

$$\text{YZ 点里程} = \text{ZY 点里程} + L = \text{QZ 点里程} + \frac{L}{2}$$

计算检核：JD 点里程 = YZ 点里程 $- T + q$

（4）计算 ZY 点坐标（X_{ZY}，Y_{ZY}）。

$$X_{ZY} = X_{JD} + T\cos\alpha_{JZ}$$

$$Y_{ZY} = Y_{JD} + T\sin\alpha_{JZ}$$

（5）计算 ZY 点与圆心 O 点的坐标方位角。

$$\alpha_{ZO} = \alpha_{JZ} + 90^\circ$$

（6）计算圆心点 O 坐标。

$$X_O = X_{ZY} + R\cos\alpha_{ZO}$$

$$Y_O = Y_{ZY} + R\sin\alpha_{ZO}$$

（7）计算圆心至各测设细部点的方位角。

$$\varphi_i = \frac{(l_i - l_A)\times 180^\circ}{\pi R}\ (^\circ)$$

$$\alpha_i = (\alpha_{ZO} + 180^\circ) + \varphi_i$$

式中　l_i——待测点里程；

l_A——ZY 点或 YZ 点里程；

φ_i——l_i 所对圆心角。

（8）计算待测设细部点的坐标。

$$X_i = X_O + R\cdot\cos\alpha_i$$

$$Y_i = Y_O + R\cdot\sin\alpha_i$$

（9）安置全站仪在已知控制点上，在另一个已知控制点上安置棱镜。

（10）输入测站点和后视点坐标，进行后视定向。

（11）进入全站仪放样界面，输入测设点坐标，根据角度差和距离差移动棱镜，当在界面上显示的放样平距在限差范围之内时，棱镜所在位置即为待测设的细部点。

五、实训注意事项

（1）方位角的计算一定要正确。

（2）后视定向输入要正确。

六、实训报告

1. 记录手簿（见表 1.8.1、表 1.8.2）

表 1.8.1 单圆曲线详细测设中桩点坐标计算手簿

日 期：　　　　天 气：　　　　仪 器：

组 别：　　　　观 测：　　　　记 录：

桩号	里程	中桩点对应圆心角 φ_i/(° ′ ″)	圆心与中桩点所在直线的方位角 α_i/(° ′ ″)	坐标/m	
				X	Y

备注：

切线长：$T = R\tan\dfrac{\alpha}{2} =$

曲线长：$L = \dfrac{\pi}{180°} R\alpha =$

外矢距：$E_0 = R\left(\sec\dfrac{\alpha}{2} - 1\right) =$

切曲差：$q = 2T - L =$

ZY 点里程 = JD 点里程 − T =

QZ 点里程 = ZY 点里程 + $\dfrac{L}{2}$ =

YZ 点里程 = ZY 点里程 + L = QZ 点里程 + $\dfrac{L}{2}$ =

ZY 点与圆心 O 点的坐标方位角 $\alpha_{ZO} = \alpha_{JZ} + 90° =$

计算圆心点 O 坐标：

$X_O = X_{ZY} + R\cos\alpha_{ZO} =$

$Y_O = Y_{ZY} + R\sin\alpha_{ZO} =$

表 1.8.2　单圆曲线详细测设精度检核记录手簿

日　期：　　　　　　　　天　气：　　　　　　　　仪　器：

组　别：　　　　　　　　观　测：　　　　　　　　记　录：

放样点位	X 坐标/m			Y 坐标/m			点位偏差ΔD/mm
	实测值	理论值	误差 ΔX	实测值	理论值	误差 ΔY	$\Delta D=\sqrt{\Delta X^2+\Delta Y^2}$

2. 实训小结

实训小结	

3. 思考题

简述全站仪极坐标法进行单圆曲线详细测设的步骤。

任务九　加缓和曲线后曲线主点的测设

一、实训目的

（1）了解相关测量资料，熟悉相关的施工图纸。

（2）熟悉国家、行业测量规范，掌握测量规范中的技术要求。

（3）掌握全站仪的使用方法。

（4）掌握加缓和曲线后曲线要素以及主点坐标计算方法。

（5）掌握加缓和曲线后曲线主点的测设方法。

（6）培养精益求精的工匠精神和吃苦耐劳、团结协作的优良品质。

二、实训任务

已知圆曲线转向角α、圆曲线半径 R、缓和曲线长度l_0以及 JD 点的里程，计算曲线要素及各主点里程，并将 ZH 点、HY 点、QZ 点、YH 点、HZ 点测设在地面上。加缓和曲线的曲线要素如图 1.9.1 所示。

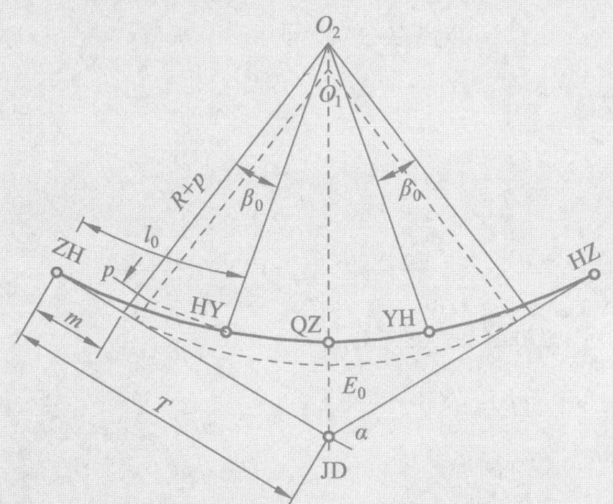

图 1.9.1　加缓和曲线的曲线要素

三、实训仪器设备及工具

全站仪 1 套、带基座棱镜 1 套、对中杆 1 个、木桩若干、斧头 1 把，自备铅笔、小刀、记录手簿等。

四、实训方法及步骤

（1）指导教师讲解实训内容、方法、步骤及注意事项。

（2）根据给定的圆曲线转向角α、圆曲线半径 R、缓和曲线长度l_0以及 JD 点的里程，计算曲线要素。

缓和曲线切线角：$\beta_0 = \dfrac{l_0}{2R} \cdot \dfrac{180°}{\pi}$

切垂距：$m = \dfrac{l_0}{2} - \dfrac{l_0^3}{240R^2}$

内移距：$p = \dfrac{l_0^2}{24R}$

切线长：$T = (R+p)\tan\dfrac{\alpha}{2} + m$

曲线长：$L = 2l_0 + L' = 2l_0 + \dfrac{\pi R(\alpha - 2\beta)}{180°}$

外矢距：$E_0 = (R+p)\sec\dfrac{\alpha}{2} - R$

切曲差：$q = 2T - L$

（3）根据给定的 JD 点里程，计算 ZH 点、HY 点、QZ 点、YH 点、HZ 点的里程。

ZH 点里程 = JD 点里程 − T

HY 点里程 = ZH 点里程 + l_0

QZ 点里程 = HY 点里程 + $\dfrac{L}{2} - l_0$

YH 点里程 = QZ 点里程 + $\dfrac{L}{2} - l_0$

HZ 点里程 = HY 点里程 + l_0

校核计算 HZ = ZH + $2T - q$

（4）计算 HY 点和 YH 点的坐标。

$$x_0 = l_0 - \frac{l_0^3}{40R^2}$$

$$y_0 = \frac{l_0^2}{6R} - \frac{l_0^4}{336R^3}$$

（5）将全站仪安置在 JD 点，后视直线上转点或交点，按置零键，使水平度盘的读数为 0°00′00″，沿视线方向量取切线长 T，打木桩钉小钉，测得 ZH 点。

（6）旋转照准部，使水平度盘读数为（180° − α）/2，沿视线方向量取外视距 E_0 打木桩钉小钉，测得 QZ 点。

（7）置镜于 ZH 点，后视交点方向，沿视线方向测设 x_0，得 HY 点的垂足，将仪器搬到垂足点，后视切线方向，拨 90°角，沿视线测设 y_0，测得 HY 点。

（8）按照同样的测设方法，可以测设 HZ 点和 YH 点。

五、实训注意事项

（1）切线长度要进行两次测量，其相对误差不大于 1/2 000，取平均值确定位置。

（2）QZ 点应该采用盘左、盘右分中确定。

六、实训报告

1. 记录手簿（见表 1.9.1）

表 1.9.1　加缓和曲线后曲线主点测设记录手簿

日　期：　　　　天　气：　　　　仪　器：

组　别：　　　　观　测：　　　　记　录：

已知元素	曲线要素	主点里程	HY 点(YH 点)坐标
转向角 α=	$\beta_0=\frac{l_0}{2R}\cdot\frac{180°}{\pi}=$	ZH 点里程 = JD 点里程 − T =	$x_0=l_0-\frac{l_0^3}{40R^2}$ =
圆曲线半径 R=	$m=\frac{l_0}{2}-\frac{l_0^3}{240R^2}=$	HY 点里程 = ZH 点里程 + l_0 =	$y_0=\frac{l_0^2}{6R}-\frac{l_0^4}{336R^3}$ =
缓和曲线长度 l_0=	$p=\frac{{l_0}^2}{24R}=$	QZ 点里程 = HY 点里程 + $\frac{L}{2}-l_0$ =	
JD 点的里程=	$T=(R+p)\tan\frac{\alpha}{2}+m$ =	YH 点里程 = QZ 点里程 + $\frac{L}{2}-l_0$ =	
	$L=2l_0+L'=2l_0+\frac{\pi R(\alpha-2\beta)}{180°}$ =	HZ 点里程 = YH 点里程 + l_0 =	
	$E_0=(R+p)\sec\frac{\alpha}{2}-R$ =		
	切曲差 $q=2T-L$ =		
备注：			

2. 实训小结

实训小结	

3. 思考题

（1）简述加缓和曲线后曲线主点的测设方法。

（2）写出曲线主点里程的计算公式。

任务十 加缓和曲线后曲线的详细测设

一、实训目的

（1）了解相关测量资料，熟悉相关的施工图纸。

（2）熟悉国家、行业测量规范，掌握测量规范中的技术要求。

（3）掌握全站仪的使用方法。

（4）掌握加缓和曲线后曲线要素、曲线里程、主点坐标以及中桩点坐标的计算方法。

（5）掌握加缓和曲线后曲线详细测设的方法。

（6）培养精益求精的工匠精神和吃苦耐劳、团结协作的优良品质。

二、实训任务

已知圆曲线转向角α、圆曲线半径 R、缓和曲线长度l_0、JD 点的里程、JD 点坐标以及 JD 点与 ZH 点所在切线的坐标方位角α，计算曲线要素及各主点里程，主点坐标及中桩点坐标，并将 ZH 点、HY 点、QZ 点、YH 点、HZ 点及各个中桩点测设在地面上。加缓和曲线的曲线要素如图 1.10.1 所示。

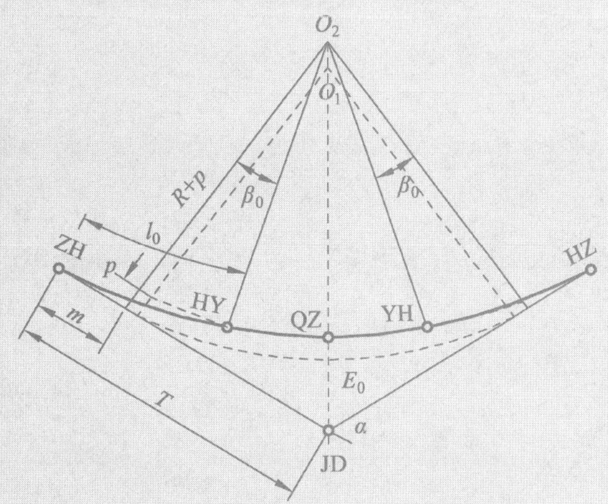

图 1.10.1　加缓和曲线的曲线要素

三、实训仪器设备及工具

全站仪 1 套、带基座棱镜 1 套、对中杆 1 个、木桩若干、斧头 1 把，自备铅笔、小刀、记录手簿等。

四、实训方法及步骤

（1）指导教师讲解实训内容、方法、步骤及注意事项。

（2）根据给定的曲线转向角α、圆曲线半径 R、缓和曲线长度l_0以及 JD 点的里程，计算曲线要素。

缓和曲线切线角：　$\beta_0 = \dfrac{l_0}{2R} \cdot \dfrac{180^\circ}{\pi}$

切垂距：　$m = \dfrac{l_0}{2} - \dfrac{l_0^3}{240R^2}$

内移距：　$p = \dfrac{l_0^2}{24R}$

切线长：　$T = (R+p)\tan\dfrac{\alpha}{2} + m$

曲线长：　$L = 2l_0 + L' = 2l_0 + \dfrac{\pi R(\alpha - 2\beta)}{180^\circ}$

外矢距：　$E_0 = (R+p)\sec\dfrac{\alpha}{2} - R$

切曲差：　$q = 2T - L$

（3）根据给定的 JD 点里程，计算 ZH 点、HY 点、QZ 点、YH 点、HZ 点的里程。

$$\text{ZH 点里程} = \text{JD 点里程} - T$$

$$\text{HY 点里程} = \text{ZH 点里程} + l_0$$

$$\text{QZ 点里程} = \text{QZ 点里程} + \frac{L}{2} - l_0$$

$$\text{YH 点里程} = \text{QZ 点里程} + \frac{L}{2} - l_0$$

$$\text{HZ 点里程} = \text{YH 点里程} + l_0$$

（4）计算 ZH 点、HZ 点坐标。

$$X_{\text{ZH}} = X_{\text{JD}} + T\cos\alpha_{\text{JD-ZH}}$$

$$Y_{\text{ZH}} = Y_{\text{JD}} + T\sin\alpha_{\text{JD-ZH}}$$

$$X_{\text{HZ}} = X_{\text{JD}} + T\cos\alpha_{\text{JD-HZ}}$$

$$Y_{\text{HZ}} = Y_{\text{JD}} + T\sin\alpha_{\text{JD-HZ}}$$

（5）计算缓和曲线部分坐标。

$$x_i = l_i - \frac{l_i^5}{40R^2 l_0^2}$$

$$y_i = \frac{l_i^3}{6Rl_0} - \frac{l_i^7}{336R^3 l_0^3}$$

$$\alpha_{Zi} = \alpha_{ZH-JD} \pm \arctan\left(\frac{y}{x}\right)$$

$$D = \sqrt{x_i^2 + y_i^2}$$

$$X_i = X_{ZH} + D\cos\alpha_{Zi}$$

$$Y_i = Y_{ZH} + D\sin\alpha_{Zi}$$

（6）计算圆曲线部分坐标。

$$\varphi = \frac{180°(l - l_0)}{\pi R} + \beta_0$$

$$x_i = R\sin\varphi + m$$

$$y_i = R(1 - \cos\varphi) + p$$

$$\alpha_{zi} = \alpha_{ZH-JD} \pm \arctan\left(\frac{y}{x}\right)$$

$$D = \sqrt{x_i^2 + y_i^2}$$

$$X_i = X_{ZH} + D\cos\alpha_{Zi}$$

$$Y_i = Y_{ZH} + D\sin\alpha_{Zi}$$

（7）安置全站仪在已知控制点上，在另一个已知控制点上安置棱镜。

（8）输入测站点和后视点坐标，进行后视定向。

（9）进入全站仪放样界面，输入测设点坐标，根据角度差和距离差移动棱镜，当在界面上显示的放样平距在限差范围之内时，棱镜所在位置即为待测设的细部点。

五、实训注意事项

（1）正确计算 ZH 点在统一坐标系中的坐标。

（2）曲线位于切线的左侧（右侧）坐标计算的公式不一样。

六、实训报告

1. 记录手簿（见表 1.10.1 ~ 1.10.3）

表 1.10.1　加缓和曲线后曲线要素计算手簿

日　期:　　　　　　天　气:　　　　　　仪　器:

组　别:　　　　　　观　测:　　　　　　记　录:

已知元素	曲线要素	主点里程
转向角α=	$\beta_0=\frac{l_0}{2R}\cdot\frac{180°}{\pi}=$	ZH 点里程＝JD 点里程－T=
圆曲线半径 R＝	$m=\frac{l_0}{2}-\frac{l_0^3}{240R^2}=$	HY 点里程＝ZH 点里程＋l_0＝
缓和曲线长度 l_0＝	$p=\frac{l_0^2}{24R}=$	QZ 点里程＝HY 点里程＋$\frac{L}{2}-l_0=$
JD 点的里程=	$T=(R+p)\tan\frac{\alpha}{2}+m=$	YH 点里程＝QZ 点里程＋$\frac{L}{2}-l_0=$
	$L=2l_0+L'=2l_0+\frac{\pi R(\alpha-2\beta)}{180°}$ =	HZ 点里程＝YH 点里程＋l_0＝
	$E_0=(R+p)\sec\frac{\alpha}{2}-R=$	
	切曲差 $q=2T-L$=	

表 1.10.2　加缓和曲线后曲线中桩坐标计算手簿

日　期:　　　　　　天　气:　　　　　　仪　器:

组　别:　　　　　　观　测:　　　　　　记　录:

序号	里程	统一坐标系坐标/m	
		X	Y

表 1.10.3　加缓和曲线后曲线详细测设精度检核记录手簿

日　期:　　　　　　　　天　气:　　　　　　　　仪　器:

组　别:　　　　　　　　观　测:　　　　　　　　记　录:

放样点位	X 坐标/m			Y 坐标/m			点位偏差 ΔD/mm
	实测值	理论值	误差 ΔX	实测值	理论值	误差 ΔY	$\Delta D=\sqrt{\Delta X^2+\Delta Y^2}$

2. 实训小结

实训小结	

3. 思考题

（1）简述利用全站仪进行曲线详细测设的步骤。

（2）曲线的五大桩是什么?

任务十一 竖曲线测设

一、实训目的

（1）了解相关测量资料，熟悉相关的施工图纸。

（2）熟悉国家、行业测量规范，掌握测量规范中的技术要求。

（3）掌握全站仪、水准仪的使用方法。

（4）掌握竖曲线曲线要素及细部点的设计高程计算方法。

（5）掌握竖曲线的测设方法。

（6）培养精益求精的工匠精神和吃苦耐劳、团结协作的优良品质。

二、实训任务

已知两相邻坡段的坡度 i_1、i_2，竖曲线半径 R 以及变坡点的设计高程及里程，试计算曲线要素、主点里程和高程以及竖曲线上中桩点的设计高程，并将竖曲线起点、终点和各个细部点测设在地面上。竖曲线要素如图 1.11.1 所示。

三、实训仪器设备及工具

全站仪 1 套，棱镜 1 个、对中杆 1 个、水准仪 1 套、水准尺 1 根、木桩若干、斧头 1 把，自备铅笔、小刀、记录手簿等。

四、实训方法及步骤

（1）指导教师讲解实训内容、方法、步骤及注意事项。

（2）根据给定的坡度 i_1、i_2，竖曲线半径 R，变坡点的高程及里程，计算竖曲线要素。竖曲线要素如图 1.11.1 所示。

竖曲线的坡度转折角：$\alpha = \varDelta_i = i_1 - i_2$

其中，$\varDelta_i$——相邻坡段的代数差。

竖曲线切线长度：$T = R\tan\dfrac{\alpha}{2}$

近似值：$T = \dfrac{1}{2}R(i_1 - i_2) = \dfrac{R}{2}\varDelta_i$

竖曲线曲线长：$L = \dfrac{\pi}{180^\circ}R\alpha$

近似值：　　　　$L \approx 2T$

竖曲线外矢距：　　$E = R\left(\sec\frac{\alpha}{2} - 1\right)$

近似值：　　　　$E = \frac{T^2}{2R}$

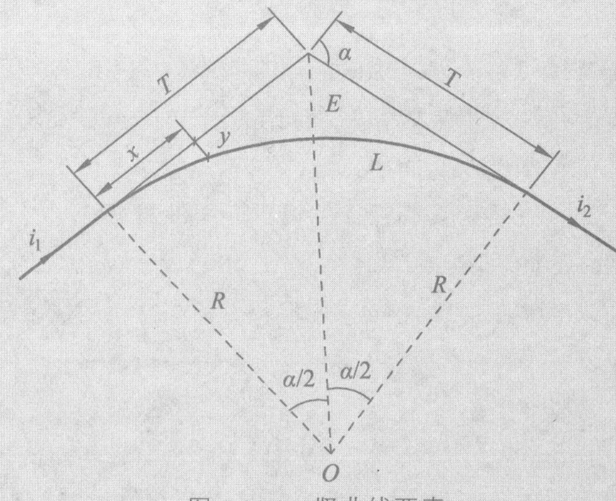

图 1.11.1　竖曲线要素

（3）主点里程及高程计算。

竖曲线起点里程 = 变坡点里程 − T

竖曲线起点高程 = 变坡点高程 − $i_1 T$

竖曲线终点里程 = 变坡点里程+T

竖曲线终点高程 = 变坡点高程+$i_2 T$

（4）竖曲线上任意一点高程计算。

$$H_i = H_{坡} \pm y_i$$

其中：　$H_{坡} = H_A + i_1 x_i$（$H_{坡} = H_B - i_2 x_i$）

$$y_i = x_i^2 / 2R$$

当竖曲线为凹形时，式中取“+”号；竖曲线为凸形时，取“−”号。

（5）从变坡点沿路线方向向前或向后丈量切线长 T，分别得竖曲线起点和终点。

（6）由竖曲线起点（或终点）起，沿切线方向每隔 5 m 在地面上标定一木桩，测定各个点的地面高程。

（7）计算各个点的填挖高度。

（8）在各个点的木桩上注明填挖高度。

五、实训注意事项

（1）竖曲线为凸曲线或凹曲线时，计算高程时的“+、−”符号是不同的。

（2）计算时确认计算点所处的位置。

六、实训报告

1. 记录手簿（见表 1.11.1 ~ 表 1.11.2）

表 1.11.1　竖曲线曲线要素记录手簿

日　期：　　　　天　气：　　　　仪　器：

组　别：　　　　观　测：　　　　记　录：

已知元素	曲线要素	主点里程	主点高程
坡度 i_1=	转折角 α=	起点里程 = 变坡点里程 − T=	起点高程 = 变坡点高程 − i_1T=
坡度 i_2=	切线长 T= $R\alpha/2$=	终点里程 = 变坡点里程 + T=	终点高程 = 变坡点高程 + i_2T=
半径 R=	曲线长 L= $2T$=		
变坡点里程 =	外矢距 $E=\frac{T^2}{2R}$=		
变坡点高程 =			
备注：			

表 1.11.2　竖曲线详细测设记录手簿

日　期：　　　　天　气：　　　　仪　器：

组　别：　　　　观　测：　　　　记　录：

序号	里程	坡道高程值/m	高程改正值/m	竖曲线设计高程值/m
备注：				

2. 实训小结

实训小结	

3. 思考题

（1）什么是坡度？

（2）竖曲线上点的设计高程计算公式是什么？

任务十二 直线桥墩、桥台中心的测设

一、实训目的

（1）了解相关测量资料，熟悉相关的施工图纸。

（2）熟悉国家、行业测量规范，掌握测量规范中的技术要求。

（3）掌握全站仪的使用方法。

（4）掌握直线桥墩、桥台中心坐标的计算方法。

（5）掌握直线桥墩、桥台中心的测设方法。

（6）培养精益求精的工匠精神和吃苦耐劳、团结协作的优良品质。

二、实训任务

已知桥轴线控制点 A 的坐标（X_A，Y_A）和控制点 B 的坐标（X_B，Y_B），计算直线上各桥墩、桥台的中心坐标并将各桥墩、桥台的中心位置测设在地面上。

三、实训仪器设备及工具

全站仪 1 套、对中杆 2 个、木桩若干、斧头 1 把，自备铅笔、小刀、记录手簿等。

四、实训方法及步骤

（1）指导教师讲解实训内容、方法、步骤及注意事项。

（2）计算直线上各桥墩、桥台的中心坐标。

以控制点 A 为坐标原点，桥轴线 AB 方向作为 X 轴，垂直于桥轴线方向为 Y 轴 i 号桥墩的坐标为：

$$X_i = i\text{号桥墩里程} - A\text{点里程}$$

$$Y_i = 0$$

（3）将全站仪安置到控制点 A，瞄准另一个控制点 B，在桥轴线方向上设置棱镜，按照测设水平距离的方法测设各桥墩、桥台的中心位置，打木桩钉小钉准确标注。

五、实训注意事项

（1）测设桥墩、桥台中心位置时，应进行两次测量，取中心点作为最终的位置。

（2）桥墩、桥台中心坐标一定要计算正确。

六、实训报告

1. 记录手簿（见表 1.12.1）

表 1.12.1　直线桥墩、桥台中心位置测设记录手簿

日　期：　　　　天　气：　　　　仪　器：

组　别：　　　　观　测：　　　　记　录：

序号	里程	坐标/m	
		X	Y
备注：			

2. 实训小结

实训小结	

3. 思考题

（1）什么是桥轴线？

（2）简述直线桥桥墩、桥台中心位置的测设方法。

任务十三 曲线桥墩、桥台中心的测设

一、实训目的

（1）了解相关测量资料，熟悉相关的施工图纸。

（2）熟悉国家、行业测量规范，掌握测量规范中的技术要求。

（3）掌握全站仪的使用方法。

（4）掌握曲线桥墩、桥台中心坐标的计算方法。

（5）掌握曲线桥墩、桥台中心的测设方法。

（6）培养精益求精的工匠精神和吃苦耐劳、团结协作的优良品质。

二、实训内容

已知 JD1 点的坐标（X_{JD1}，Y_{JD1}）和 JD2 点的坐标（X_{JD2}，Y_{JD2}），JD2 点处线路转向角α、圆曲线半径 R、缓和曲线长度 l_0 以及 JD2 点的里程，计算各桥墩的中心坐标，将各桥墩的中心位置测设在地面上。

三、实训仪器设备及工具

全站仪 1 套、带基座棱镜 1 套、对中杆 1 个、木桩若干、斧头 1 把，自备铅笔、小刀、记录手簿等。

四、实训方法及步骤

（1）指导教师讲解实训内容、方法、步骤及注意事项。

（2）计算曲线要素、常数、主点里程、ZH 点坐标、HZ 点坐标。

（3）墩台中心坐标计算。

① 墩台位于直线上。

P 为直线上墩台中心，P' 为该墩台纵轴线与路线中线的交点，线路双线间距为 D，如图 1.13.1 所示。

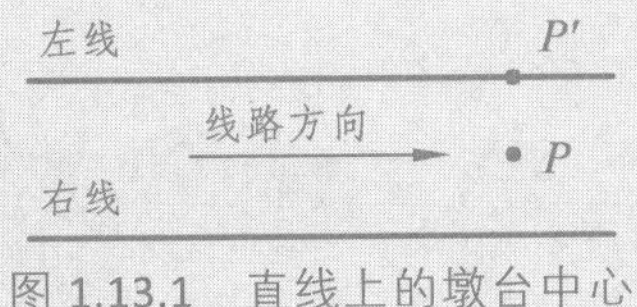

图 1.13.1 直线上的墩台中心

a. 计算线路中线点坐标：

$$\left.\begin{aligned}X_{P'}&=X_{\mathrm{JD}}+L_i\cos\alpha_{直}\\Y_{P'}&=Y_{\mathrm{JD}}+L_i\sin\alpha_{直}\end{aligned}\right\}$$

式中 L_i——线路中线点与交点距离；

$\alpha_{直}$——JD 点至计算点 P' 的方位角。

b. 计算法线方位角：

$$\alpha_{法}=\alpha_{直}\pm 90^\circ$$

其中，P' 位于 P 右侧时取“+”，反之取“－”。

c. 计算桥墩中心坐标。桥墩中心位于左右线路中心，由线路中线桩坐标推算桥墩中心坐标。

$$\left.\begin{aligned}X&=X_i+\frac{D}{2}\cos\alpha_{法}\\Y&=Y_i+\frac{D}{2}\sin\alpha_{法}\end{aligned}\right\}$$

② 墩台位于缓和曲线上。

a. 计算线路中线点坐标，P' 为线路中线点，如图 1.13.2 所示，即：

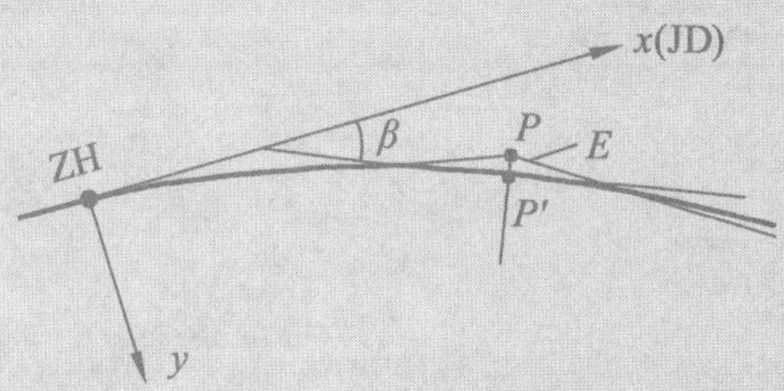

图 1.13.2 第一缓和曲线上的墩台中心

$$\left.\begin{aligned}x_i&=l_i-\frac{l_i^5}{40R^2l_0^2}\\y_i&=\frac{l_i^3}{6Rl_0}\end{aligned}\right\}$$

$$\alpha_{\mathrm{ZP'}}=\alpha_{\mathrm{ZJ}}\pm\arctan\left(\frac{y}{x}\right)$$

$$D=\sqrt{x^2+y^2}$$

$$\left.\begin{aligned}X_{P'}&=X_{\mathrm{ZH}}+D\cos\alpha_{\mathrm{ZP'}}\\Y_{P'}&=Y_{\mathrm{ZH}}+D\sin\alpha_{\mathrm{ZP'}}\end{aligned}\right\}$$

其中，线路右偏时取“+”，反之取“－”。

b. 计算法线方位角，P' 点的切线与 x 轴的交角 β 称为切线角，即：

$$\beta=\frac{l^2}{2Rl_0}\cdot\frac{180°}{\pi}$$

式中 l——P' 点至 ZH（HZ）点的曲线长度。

线路向外侧方向法线方位角计算：

$$\left.\begin{array}{l}\text{曲线右偏时：}\alpha_{法}=\alpha_{ZJ}+\beta-90°\\ \text{曲线左偏时：}\alpha_{法}=\alpha_{ZJ}-\beta+90°\end{array}\right\}$$

c. 计算桥墩中心坐标，即：

$$\left.\begin{array}{l}X_P=X_{P'}+E\cos\alpha_{法}\\ Y_P=Y_{P'}+E\sin\alpha_{法}\end{array}\right\}$$

式中 E——偏距值，由设计图纸获取。

③ 墩台位于圆曲线上。

a. 计算线路中线点坐标，线路中线点 P' 位于圆曲线段，如图 1.13.3 所示，即：

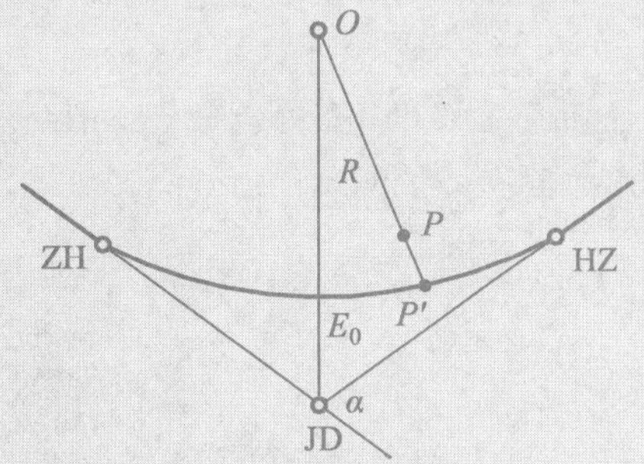

图 1.13.3 圆曲线上的墩台中心

$$\varphi=\frac{180°(l-l_0)}{\pi R}+\beta$$

$$\left.\begin{array}{l}x_i=R\sin\varphi+m\\ y_i=R(1-\cos\varphi)+p\end{array}\right\}$$

$$\alpha_{ZP'}=\alpha_{ZJ}\pm\arctan\left(\frac{y}{x}\right)$$

$$D=\sqrt{x^2+y^2}$$

$$\left.\begin{aligned}X_{P'}=X_{ZH}+D\cos\alpha_{ZP'}\\Y_{P'}=Y_{ZH}+D\sin\alpha_{ZP'}\end{aligned}\right\}$$

其中，线路右偏时取“+”，反之取“－”。

b. 计算圆心坐标，即：

$$\alpha_{JO}=\alpha_{JZ}+\frac{180-\alpha}{2}$$

$$\left.\begin{aligned}X_O=X_J+(R+E_0)\cos\alpha_{JO}\\Y_O=Y_J+(R+E_0)\sin\alpha_{JO}\end{aligned}\right\}$$

式中　α_{JO}——JD点到圆心 O 方位角。

c. 计算法线方位角，P 为圆曲线上一墩台中心，因 P、P' 和圆心 O 3 点一线，法线方位角与径向方位角相同，可由圆心 O 和线路中线点 P' 坐标反算获得，即：

$$\alpha_{法}=\alpha_{OP'}$$

d. 计算桥墩中心坐标，即：

$$\left.\begin{aligned}X_P=X_{P'}+E\times\cos\alpha_{法}\\Y_P=Y_{P'}+E\times\sin\alpha_{法}\end{aligned}\right\}$$

式中　E——偏距值，由设计图纸获取。

（4）安置全站仪在已知控制点上，在另一个已知控制点上安置棱镜。

（5）输入测站点和后视点坐标，进行后视定向。

（6）进入全站仪放样界面，输入测设点坐标，根据角度差和距离差移动棱镜，当在界面上显示的放样平距在限差范围之内时，棱镜所在位置即为待测设的细部点。

五、实训注意事项

（1）铁路桥桥墩中心没有位于线路中线上，通常会设计桥梁偏距。

（2）计算时注意线路转向。

（3）坐标方位角计算要正确。

六、实训报告

1. 记录手簿（见表 1.13.1～1.13.3）

表 1.13.1　曲线要素计算手簿

日　期：　　　　天　气：　　　　仪　器：

组　别：　　　　观　测：　　　　记　录：

已知元素	曲线要素	主点里程	HY 点坐标
转向角 $\alpha=$	$\beta_0=\dfrac{l_0}{2R}\cdot\dfrac{180^\circ}{\pi}=$	ZH 点里程＝JD 点里程－$T=$	$x_0=l_0-\dfrac{l_0^3}{40R^2}=$
圆曲线半径 $R=$	$m=\dfrac{l_0}{2}-\dfrac{l_0^3}{240R^2}=$	HY 点里程＝ZH 点里程＋$l_0=$	$y_0=\dfrac{l_0^2}{6R}-\dfrac{l_0^4}{336R^3}=$
缓和曲线长度 $l_0=$	$p=\dfrac{l_0^2}{24R}=$	QZ 点里程＝HY 点里程＋$\dfrac{L}{2}-l_0=$	
JD 点的里程=	$T=(R+p)\tan\dfrac{\alpha}{2}+m$ $=$	YH 点里程＝QZ 点里程＋$\dfrac{L}{2}-l_0=$	
	$L=2l_0+\dfrac{\pi R(\alpha-2\beta_0)}{180^\circ}$ $=$	HZ 点里程＝YH 点里程＋$l_0=$	
	$E_0=(R+p)\sec\dfrac{\alpha}{2}-R$ $=$		
	切曲差 $q=2T-L$ $=$		
备注：			

表 1.13.2　曲线桥墩、桥台中心坐标计算手簿

日　期:　　　　天　气:　　　　仪　器:

组　别:　　　　观　测:　　　　记　录:

序号	里程	偏距 E/m	线路中线点坐标/m		墩台中心坐标/m	
			x	y	X	Y

表 1.13.3　曲线桥墩、桥台中心测设精度检核记录手簿

日　期:　　　　天　气:　　　　仪　器:

组　别:　　　　观　测:　　　　记　录:

放样点位	X 坐标/m			Y 坐标/m			点位偏差 ΔD /mm
	实测值	理论值	误差 ΔX	实测值	理论值	误差 ΔY	$\Delta D=\sqrt{\Delta X^2+\Delta Y^2}$

2. 实训小结

实训小结	

3. 思考题

（1）什么是桥梁工作线？什么是偏距？

（2）简述极坐标法测设曲线桥墩、桥台的方法。

学习笔记

任务十四 桩基础的测设

一、实训目的

（1）了解相关测量资料，熟悉相关的施工图纸。

（2）熟悉国家、行业测量规范，掌握测量规范中的技术要求。

（3）掌握全站仪的使用方法。

（4）掌握桥墩桩基础坐标的计算方法。

（5）掌握桩基础中心的测设方法。

（6）培养精益求精的工匠精神和吃苦耐劳、团结协作的优良品质。

二、实训任务

已知 JD1 点的坐标（X_{JD1}，Y_{JD1}）和 JD2 点的坐标（X_{JD2}，Y_{JD2}），JD2 点处线路曲线转向角α、圆曲线半径 R、缓和曲线长度 l_0、JD2 点的里程以及 3 号桥墩里程（3 号桥墩位于缓和曲线上），从设计图纸上获得 3 号桥墩中心与其桩基础之间的方位关系，计算 3 号桥墩中心和桩基础坐标，并将其测设在地面上。

三、实训仪器设备及工具

全站仪 1 套、带基座棱镜 1 套、对中杆 1 个、木桩若干、斧头 1 把，自备铅笔、小刀、记录手簿等。

四、实训方法及步骤

（1）指导教师讲解实训内容、方法、步骤及注意事项。

（2）计算曲线要素、常数、主点里程、ZH 点坐标、HZ 点坐标。

（3）计算桥墩中心坐标。

（4）计算 3 号桥墩桩基础的坐标。

以 1 号桩为例，如图 1.14.1 所示，查阅设计图纸，确定 1 号桩距离桥墩纵横轴线的距离 a 和 b，由 a 和 b 计算桩中心和桥墩中心的水平距离 D、桩中心和桥墩中心连线与桥墩纵轴线的夹角 β，然后根据桥墩中心坐标计算桥墩桩基础中心坐标。

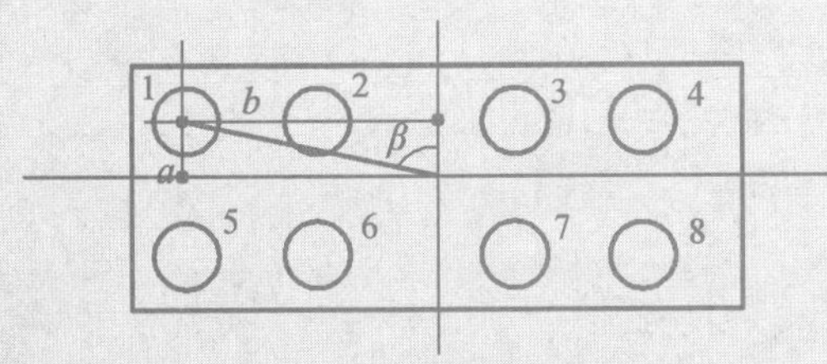

图 1.14.1 桥墩桩基示意图

（5）安置全站仪在已知控制点上，在另一个已知控制点上安置棱镜。

（6）输入测站点和后视点坐标，进行后视定向。

（7）进入全站仪放样界面，输入测设点坐标，根据角度差和距离差移动棱镜，当在界面上显示的放样平距在限差范围之内时，棱镜所在位置即为待测设的细部点。

五、实训注意事项

（1）曲线要素计算一定要正确。

（2）设计图纸上给定的数据一定要仔细核对。

六、实训报告

1. 记录手簿

表 1.14.1 曲线要素计算手簿

日　期:　　　　天　气:　　　　仪　器:

组　别:　　　　观　测:　　　　记　录:

已知元素	曲线要素	主点里程	HY 点(YH 点)坐标
转向角α=	$\beta_0=\frac{l_0}{2R}\cdot\frac{180°}{\pi}=$	ZH 点里程＝JD 点里程－T=	$x_0=l_0-\frac{l_0^3}{40R^2}$ =
圆曲线半径R=	$m=\frac{l_0}{2}-\frac{l_0^3}{240R^2}=$	HY 点里程=ZH 点里程＋l_0=	$y_0=\frac{l_0^2}{6R}-\frac{l_0^4}{336R^3}$ =
缓和曲线长度l_0=	$p=\frac{l_0^2}{24R}=$	QZ 点里程=HY 点里程＋$\frac{L}{2}-l_0$=	
JD 点的里程=	$T=(R+p)\tan\frac{\alpha}{2}+m$ =	YH 点里程=QZ 点里程＋$\frac{L}{2}-l_0$=	
	$L=2l_0+\frac{\pi R(\alpha-2\beta_0)}{180°}$ =	HZ 点里程=YH 点里程＋l_0=	
	$E_0=(R+p)\sec\frac{\alpha}{2}-R$ =		
	切曲差 $q=2T-L=$		
备注：			

表 1.14.2　桩基础坐标计算手簿

日　期：　　天　气：　　仪　器：

组　别：　　观　测：　　记　录：

桩号	坐标/m		备注
3号墩	X	Y	
1			
2			
3			
4			
5			
6			
7			
8			

表 1.14.3　桩基础测设精度检核记录手簿

日　期：　　天　气：　　仪　器：

组　别：　　观　测：　　记　录：

放样点位	X坐标/m			Y坐标/m			点位偏差 ΔD/mm
	实测值	理论值	误差 ΔX	实测值	理论值	误差 ΔY	$\Delta D=\sqrt{\Delta X^2+\Delta Y^2}$

2. 实训小结

实训小结	

3. 思考题

（1）简述桩基础的测设方法。

（2）桩基础的形式有哪几种?

任务十五　墩台纵横轴线的测设

一、实训目的

（1）了解相关测量资料，熟悉相关的施工图纸。

（2）熟悉国家、行业测量规范，掌握测量规范中的技术要求。

（3）掌握全站仪的使用方法。

（4）掌握桥墩、桥台纵横轴线的测设方法。

（6）培养精益求精的工匠精神和吃苦耐劳、团结协作的优良品质。

二、实训任务

已知桥轴线上控制点 A 的坐标（X_A，Y_A）和控制点 B 的坐标（X_B，Y_B），直线和曲线上桥墩的中心位置均已在地面上标定出来，将直线上 DK2+220、圆曲线上 DK2+340 桥墩的纵横轴线位置测设在地面上。

三、实训仪器设备及工具

全站仪 1 套、对中杆 2 个、木桩若干、斧头 1 把，自备铅笔、小刀、记录手簿等。

四、实训方法及步骤

（1）指导教师讲解实训内容、方法、步骤及注意事项。

（2）桥墩位于直线上的纵横轴线的测设。

① 将全站仪安置在 DK2+220 桥墩中心点上，瞄准桥轴线上的另一控制点 B，视线方向即为纵轴线方向。

② 拨 90°角值，视线方向即为横轴线方向。

（3）桥墩位于曲线上的纵横轴线的测设。

① 缓和曲线部分。墩台中心和墩台对应里程处中线点的连线为墩台横轴线，将全站仪安置于墩台中心点上，照准桥墩中心点里程对应中线点，拨 90°角值，视线方向即为纵轴线方向。

② 圆曲线部分。

a. 计算$\alpha/2$:

$$\frac{\alpha}{2}=\frac{l}{2R}\cdot\frac{180°}{\pi}$$

式中　l——相邻墩、台中心曲线长度；

R——曲线半径。

b. 将全站仪安置在曲线上 DK2+340 桥墩中心点上，瞄准相邻的桥墩中心，拨 $\alpha/2$ 角，视线方向即为纵轴线方向。

c. 拨（$90°-\alpha/2$）角值，视线方向即为横轴线方向，即：

$$\frac{\alpha}{2}=\frac{l}{2R}\cdot\frac{180°}{\pi}$$

五、实训注意事项

（1）测设时采用正倒镜分中法。

（2）在墩台两侧地形稳固的地方设置不少于 3 个护桩。

（3）为便于使用和管理，护桩应统一编号并绘制点之记。

六、实训报告

1. 记录手簿（见表 1.15.1）

表 1.15.1　纵横轴线测设记录手簿

日　期：　　　　天　气：　　　　仪　器：

组　别：　　　　观　测：　　　　记　录：

序号	里程	α/2 角值/(° ′ ″)	备注

2. 实训小结

实训小结	

3. 思考题

（1）曲线上桥墩台的纵轴线是什么?

（2）如何测设曲线上桥墩纵横轴线?

学习笔记

任务十六 隧道洞外平面控制测量

一、实训目的

（1）了解相关测量资料，熟悉相关的施工图纸。
（2）熟悉国家、行业测量规范，掌握测量规范中的技术要求。
（3）掌握 GNSS 的使用方法。
（4）掌握 GNSS 测量选点、布网、外业观测、数据处理的方法。
（5）培养精益求精的工匠精神和吃苦耐劳、团结协作的优良品质。

二、实训任务

某隧道需要对向开挖，在洞口有两个三等线路控制点，现要求采用 GNSS 测量的方法，完成隧道洞外四等控制网的布设、外业观测及数据处理。

三、实训仪器设备及工具

GNSS 接收机 3 套、木桩若干、斧头 1 把，自备铅笔、小刀、记录手簿等。

四、实训方法及步骤

（1）指导教师讲解实训内容、方法、步骤及注意事项。
（2）技术要求。依据《铁路工程测量规范》（TB 10101—2018），相关技术要求见表 1.16.1 ~ 1.16.4。

表 1.16.1 隧道平面控制测量技术要求

测量部位	测量方法	测量等级	隧道长度/km	洞外定向边/洞内导线边长度/m
洞外	GNSS 测量	四等	<2	≥250

表 1.16.2 卫星定位测量控制网的主要技术要求

等级	固定误差 a/mm	比例误差系数 b/mm	基线边方位角中误差/(″)	约束点精度		约束平差后最弱边边长相对中误差
				方位角精度/(″)	边长相对精度	
四等	≤6	≤4	2.0	1.7	1/100 000	1/70 000

注：当基线长度短于 500 m 时，四等边长中误差应小于 7.5 mm。

表 1.16.3　卫星定位测量作业的基本技术要求（静态测量）

等级	接收机类型	仪器标称精度	卫星截止高度角/(°)	同时观测有效卫星数	时段长度/min	观测时段数	数据采样间隔/s	PDOP 或 GDOP
四等	双频/单频	$5\ \text{mm}+2\times10^{-6}d$	≥15	≥4	≥45	≥1	10～20	≤10

备注：d 为基线长度。

表 1.16.4　基线质量检验限差

检验项目	限差要求			
	X 坐标分量闭合差	Y 坐标分量闭合差	Z 坐标分量闭合差	环线全长闭合差
独立环（附合路线）	$W_x\leqslant2\sqrt{n}\sigma$	$W_y\leqslant2\sqrt{n}\sigma$	$W_z\leqslant2\sqrt{n}\sigma$	$W\leqslant2\sqrt{3n}\sigma$
重复观测基线长度较差	$d_s\leqslant2\sqrt{2}\sigma$			

注：1. σ为响应等级规定的基线长度中误差，n 为闭合环边数。

2. 当环由长短悬殊的边组成时，宜按边长和等级规定的精度计算每条边的σ，并计算环闭合差的精度，以代替表中的 $\sqrt{n}\sigma$ 计算环闭合差的限差。

（3）选点。

① 隧道洞口至少布设 3 个控制点，其中一点位于隧道中线上，3 个点之间必须相互通视。

② 位于中线上的控制点，直线隧道进出口各布设 1 个点，曲线隧道在每条切线上布设 2 个点。

③ 洞口投点时，直线段不少于 2 个点，曲线段不少于 3 个点。

（4）布网。

① GNSS 控制网尽量沿两洞口连线方向布设。

② 布设控制点应控制隧道施工范围内线路位置，将线路中线控制桩纳入控制网内。

③ 隧道控制网宜布设成三角形网、大地四边形网、菱形网等。

（5）外业观测。

① 作业前进行接收机的检验。

② 编制观测计划，进行预报分析。

③ 观测采用静态作业模式，接收机标称精度不低于 $5\ \text{mm}+1\times10^{-6}d$。

④ 每条基线观测 2 个时段，每时段不低于 90 min。

（6）数据处理。

① 独立环闭合差检验。

② 网平差计算。

五、实训注意事项

（1）洞口控制点应布设于不填不挖地段，便于保存和引测。

（2）GNSS 点位选择时应避开多路径环境影响，避免靠近水面、树冠、高大建筑物、低洼潮湿等地点，应保证 15°以上无遮挡。

（3）GNSS 测量要求远离大功率无限发电源。

（4）每个时段观测前后各量天线高 1 次，两次差值小于 2 mm。

六、实训报告

1. 记录手簿（见表 1.16.5～1.16.11）

表 1.16.5　隧道洞外 GNSS 平面控制测量记录手簿

日　期:　　　　　　　　　　天　气:　　　　　　　　　　仪　器:

组　别:　　　　　　　　　　观　测:　　　　　　　　　　记　录:

测站点		接收机名称及编号		天线类型及编号	
开始时间		结束时间		备注：	
天线高	测前				
	测后				
	平均值				
测站点		接收机名称及编号		天线类型及编号	
开始时间		结束时间		备注：	
天线高	测前				
	测后				
	平均值				
测站点		接收机名称及编号		天线类型及编号	
开始时间		结束时间		备注：	
天线高	测前				
	测后				
	平均值				
测站点		接收机名称及编号		天线类型及编号	
开始时间		结束时间		备注：	
天线高	测前				
	测后				
	平均值				
测站点		接收机名称及编号		天线类型及编号	
开始时间		结束时间		备注：	
天线高	测前				
	测后				
	平均值				
控制网测量网图					

表 1.16.6 GNSS 控制网重复性基线较差计算手簿

日　期:　　　　　　　　　　　天　气:　　　　　　　　　　　仪　器:

组　别:　　　　　　　　　　　观　测:　　　　　　　　　　　记　录:

基线序号	起点	终点	D_X/m	D_Y/m	D_Z/m	S/m	S 限差/差值/mm	备注

表 1.16.7 GNSS 控制网异步环闭合差计算手簿

日　期:　　　　　　　　　　　天　气:　　　　　　　　　　　仪　器:

组　别:　　　　　　　　　　　观　测:　　　　　　　　　　　记　录:

闭合环号	点名			X 闭合差限差/mm	X 闭合差/mm	Y 闭合差限差/mm	Y 闭合差/mm	Z 闭合差限差/mm	Z 闭合差/mm	S 闭合差限差/mm	S 闭合差/mm	线路总长度/m	1×10^{-6}	备注

表 1.16.8　GNSS 控制网平差计算采用的起算数据手簿

日　期：　　天　气：　　仪　器：

组　别：　　观　测：　　记　录：

点名	X/m	Y/m

表 1.16.9　GNSS 控制网测量坐标成果及精度统计手簿

日　期：　　天　气：　　仪　器：

组　别：　　观　测：　　记　录：

序号	点名	X/m	Y/m	M_X/cm	M_Y/cm	M_P/cm

表 1.16.10　GNSS 控制网平差后平面边长、方位角及其相对精度手簿

日　期：　　天　气：　　仪　器：

组　别：　　观　测：　　记　录：

序号	起点	终点	A(° ′ ″)	M_A(″)	S/m	M_S/cm	M_S:S	1×10^{-6}

表 1.16.11　GNSS 控制点坐标成果手簿

日　期:　　　　　　　　天　气:　　　　　　　　仪　器:

组　别:　　　　　　　　观　测:　　　　　　　　记　录:

点号	坐标成果		备注
	X/m	Y/m	

2. 实训小结

实训小结	

3. 思考题

（1）隧道洞外平面控制测量的方法有哪几种?

（2）简述 GNSS 测量的工作流程。

任务十七　隧道洞外高程控制测量

一、实训目的

（1）了解相关测量资料，熟悉相关的施工图纸。

（2）熟悉国家、行业测量规范，掌握测量规范中的技术要求。

（3）掌握水准仪的使用方法。

（4）掌握二等水准测量的观测、记录及计算方法。

（5）培养精益求精的工匠精神和吃苦耐劳、团结协作的优良品质。

二、实训任务

某隧道需要对向开挖，洞口已知 BM3 和 BM8 点的高程，采用用四等光电测距三角高程测量的方法，完成隧道洞外高程控制网的布设、外业观测及数据处理。

三、实训仪器设备及工具

全站仪 1 套、带基座棱镜 1 套，木桩若干、斧头 1 把，自备铅笔、小刀、记录手簿等。

四、实训方法及步骤

（1）指导教师讲解实训内容、方法、步骤及注意事项。

（2）技术要求。依据《铁路工程测量规范》（TB 10101—2018），相关技术要求见表 1.17.1、1.17.2 所示。

表 1.17.1　光电测距三角高程测量限差要求

测量等级	对向观测高差较差/mm	附合或环线高差闭合差/mm	检测已测测段的高差之差/mm
四等	$\pm 40\sqrt{D}$	$\pm 20\sqrt{\sum D}$	$\pm 30\sqrt{L_i}$

注：D 为测距边长；L_i 为测段间累计测距边长，以 km 计。

表 1.17.2　光电测距三角高程测量观测的主要技术要求

等级	仪器标称精度	边长/m	观测方式	两组对向观测高差的平均值之较差/mm	测回数	测回间测距较差/mm	指标差较差/(″)	测回间垂直角较差/(″)
四等	≤2″、3 mm+2×$10^{-6}d$	≤800	对向观测	≤ $\pm 20\sqrt{D}$	3	6	7	7

（3）选点。每个洞口应至少布设 3 个高程点，一般布设在洞口附近土质坚硬、便于保存的地方。

（4）外业观测。

① 采用测角精度不低于 2″，测距精度不低于 $3\ mm+2\times10^{-6}d$ 的全站仪按单程双对向方法进行观测。即使用 1 台全站仪在同一测站上通过变换仪器高和棱镜高分别进行两次往测和两次返测。在两次观测时，独立测定温度和气压，组成两组对向观测高差。

② 测量时，视线高度和离开障碍物的距离不小于 1.2 m。

③ 仪器高和棱镜高量在测前、测后各测 1 次，两次互差不得超过 2 mm。

④ 气温读至 0.5 °C，气压读至 1.0 hPa，并加入气象改正数。

（5）数据处理

$$\Delta h_{12}=\frac{S_{12}\sin v_{12}-S_{21}\sin v_{21}}{2}+\frac{i_1+l_1}{2}-\frac{i_2+l_2}{2}$$

式中：Δh_{12}——点 1 至点 2 间的高差；

S_{12}——点 1 至点 2 间的斜距；

v_{12}——点 1 至点 2 间的垂直角；

i_1、i_2——点 1、点 2 的仪器高；

l_1、l_2——点 1、点 2 的棱镜高。

如一组对向观测高差较差超限，但对向观测高差平均值与另一组对向观测高差平均值较差满足表 1.17.2 要求时，取两组对向观测高差平均值的均值。

五、实训注意事项

（1）观测前 30 min，将仪器置于室外，使仪器与外界气温一致。

（2）转动仪器的测微螺旋，最后转动方向应为旋进。

（3）仪器迁站时，应关闭电源，装箱搬运。

（4）选在成像稳定清晰时观测，在日出、日落时，大气垂直折光系数变化较大，不宜进行长边观测。

六、实训报告

1. 记录手簿（见表 1.17.3、表 1.17.4）

表 1.17.3　光电测距三角高程测量记录手簿

日　期：　　　　天　气：　　　　温　度：　　　　气　压：

仪　器：　　　　组　别：　　　　观　测：　　　　记　录：

测站	目标	仪器高/m	目标高/m	竖盘读数/(° ′ ″)		指标差/(″)	天顶角/(° ′ ″)	斜距/m			平均斜距/m	高差/m	分组高差/m	平均高差/m
				盘左	盘右			盘左	盘右	平均				

续表 1.17.3　光电测距三角高程测量记录手簿

日　期：　　　　天　气：　　　　温　度：　　　　气　压：

仪　器：　　　　组　别：　　　　观　测：　　　　记　录：

测站	目标	仪器高/m	目标高/m	竖盘读数/(° ′ ″)		指标差/(″)	天顶角/(° ′ ″)	斜距/m			平均斜距/m	高差/m	分组高差/m	平均高差/m
				盘左	盘右			盘左	盘右	平均				

表 1.17.4　光电测距三角高程测量高程计算手簿

日　期:　　　　　　　　天　气:　　　　　　　　计　算:

组　别:　　　　　　　　观　测:　　　　　　　　记　录:

点号	路线长度/km	观测高差/m	高差改正数/mm	改正后高差/m	高程/m
1	2	3	4	5	6
Σ					
辅助计算					

2. 实训小结

实训小结	

3. 思考题

（1）隧道洞外高程控制测量的方法有哪几种?

（2）光电测距三角高程测量外业观测时注意事项有哪些?

任务十八 隧道断面测量

一、实训目的

（1）了解相关测量资料，熟悉相关的施工图纸。

（2）熟悉国家、行业测量规范，掌握测量规范中的技术要求。

（3）掌握全站仪的使用方法。

（4）掌握隧道断面测量系统软件的使用方法。

（5）掌握隧道断面测量的方法。

（6）培养精益求精的工匠精神和吃苦耐劳、团结协作的优良品质。

二、实训任务

某隧道正在开挖，利用全站仪及断面测量软件完成隧道断面测量，并计算超欠挖量。

三、实训仪器设备及工具

全站仪 1 套、隧道断测量系统 1 套、木桩若干、斧头 1 把，自备铅笔、小刀、记录手簿等。

四、实训方法及步骤

（1）指导教师讲解实训内容、方法、步骤及注意事项。

（2）编制隧道平曲线、竖曲线和隧道断面参数（见图 1.18.1、图 1.18.2），编辑完成以后拉入到仪器内存卡 Date 中。

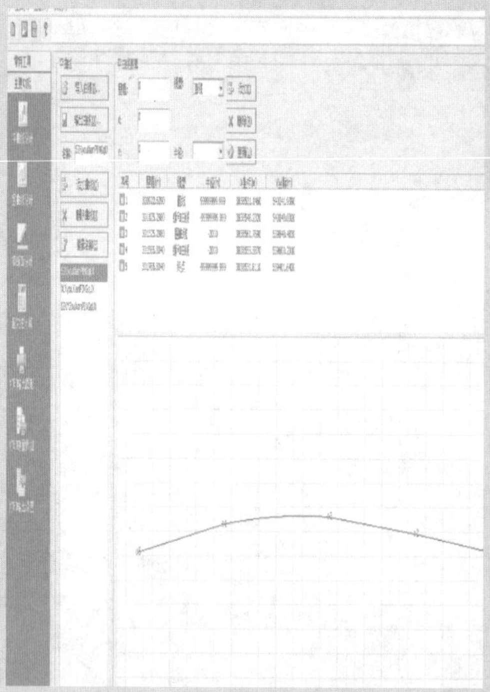

图 1.18.1　隧道平曲线参数界面

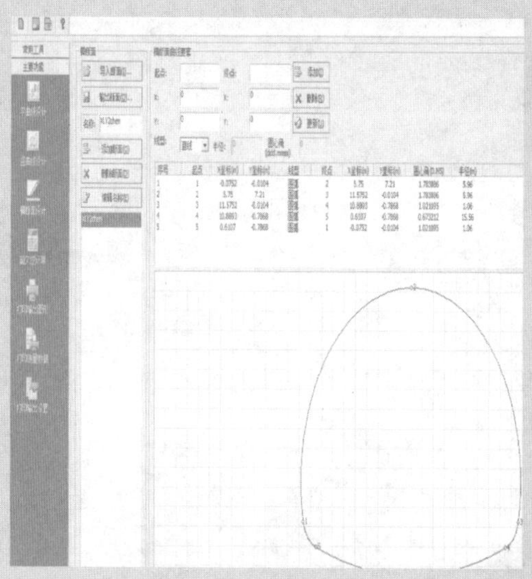

图 1.18.2　隧道断面参数界面

（3）用精密导线点进行建站，建站数据合格后，打开隧洞断面测量软件，选好测量段的平曲线、竖曲线、隧道对应断面。

（4）输入命名的点号、断面里程和测点间距，点击开始键，根据需要定出测量圆弧上的点位个数，进行断面测量。测完后，点击停止键，输入下一个里程桩号，进行第 2 个断面测量，依次类推完成所有断面测量。

（5）测量断面结束后，选择测量断面文件夹，输出数据工作名称格式为 OBS（一般仪器自动默认）。

（6）打开电脑上安装好的隧道断面软件，点击超欠挖程序，选择好设计断面，导入输出的 OBS 文件，点击超欠挖计算，软件自动计算出每个测点的超欠挖情况（见图 1.18.3）。正数为大于设计断面的值，负数为小于设计断面的值，单位为米。在打印输出里面设置测量人员信息等其他情况。

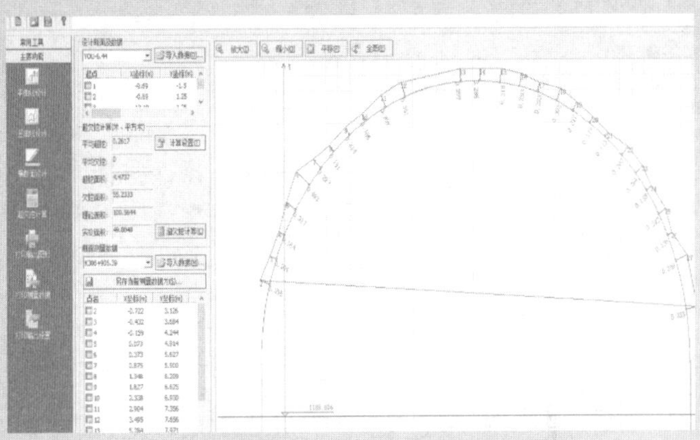

图 1.18.3　隧道超欠挖界面

（7）软件计算完成以后，点击左上角文件，选择保存，BMP 为图片模式，DXF 模式保存完成以后，可用 CAD 软件打开。

（8）绘制隧道断面图（见图 1.18.4）。

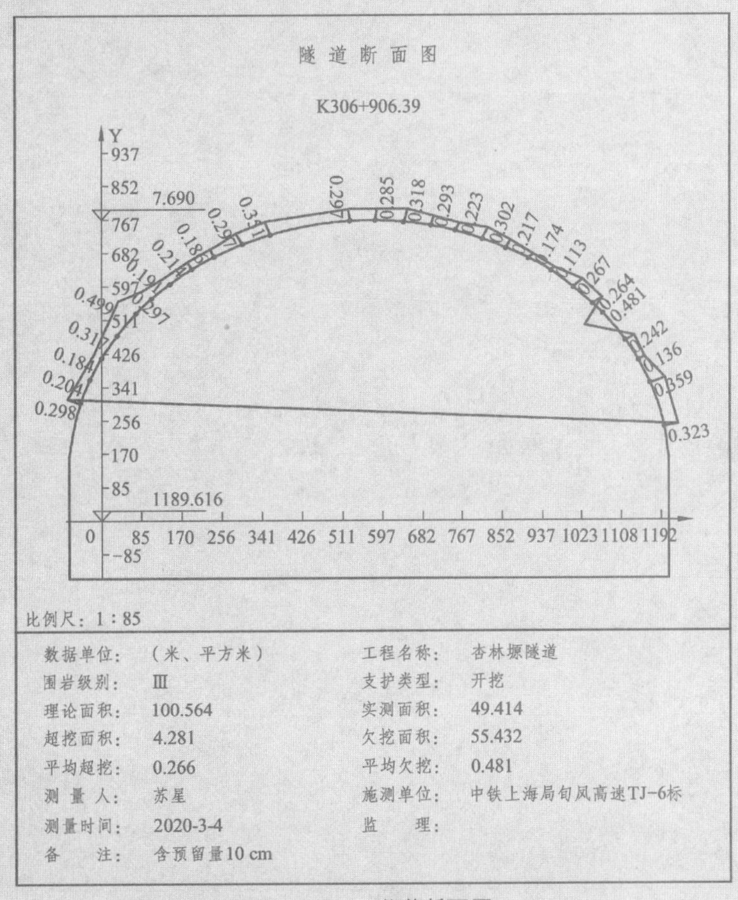

图 1.18.4　隧道断面图

五、实训注意事项

（1）观测前 30 min，将仪器置于室外，使仪器与外界气温一致。

（2）输入的数据要准确，一定要进行检核。

（3）仪器迁站时，应关闭电源，装箱搬运。

六、实训报告

1. 记录手簿（见表 1.18.1）

表 1.18.1　绘制隧道断面图

日　期：	天　气：	仪　器：
组　别：	观　测：	记　录：

2. 实训小结

实训小结	

3. 思考题

（1）什么是超欠挖?

（2）隧道断面测量的方法有哪几种?

学习笔记

任务十九 轨道平面控制测量

一、实训目的

（1）了解相关测量资料，熟悉相关的施工图纸。

（2）熟悉国家、行业测量规范，掌握测量规范中的技术要求。

（3）掌握全站仪的使用方法。

（4）掌握地铁轨道平面控制测量的观测、记录及计算方法。

（5）培养精益求精的工匠精神和吃苦耐劳、团结协作的优良品质。

二、实训任务

采用自由测站交会法，完成某轨道平面控制网的布设、外业观测及数据处理。

三、实训仪器设备及工具

全站仪 1 套、数据采集软件 1 套、棱镜若干，自备铅笔、小刀、记录手簿等。

四、实训方法及步骤

（1）指导教师讲解实训内容、方法、步骤及注意事项。

（2）技术要求。依据《城市轨道交通工程测量规范》（GB/T 50308—2017），相关技术要求见表 1.19.1 ~ 1.19.5。

表 1.19.1 水平方向观测技术要求

控制网名称	仪器等级	测回数	半测回归零差	不同测回同一方向 2C 互差	同一方向归零后方向值较差
任意设站控制网	0.5″	2	6″	9″	6″
	1″	3	6″	9″	6″

表 1.19.2 距离观测技术要求

控制网名称	测回数	半测回间距离较差	测回间距离较差
任意设站控制网	≥2	±1 mm	±1 mm

表 1.19.3 自由网平差后的主要技术要求

控制网名称	方向改正数	距离改正数
任意设站控制网	±3″	±2 mm

表 1.19.4　约束网平差后的主要技术要求

控制网名称	与起算点联测		控制点联测		方向观测中误差	距离观测中误差	点位中误差	相邻点相对点位中误差
	方向改正数	距离改正数	方向改正数	距离改正数				
任意设站控制网	±4.0″	±4 mm	±3.0″	±2 mm	±1.8″	±1 mm	±3 mm	±1 mm

表 1.19.5　平差计算取位

控制网名称	水平方向观测值	水平距离观测值	方向改正数	距离改正数	点位中误差	点位坐标
任意设站控制网	0.1″	0.1 mm	0.01 mm	0.01 mm	0.01 mm	0.1 mm

（3）点位布设。

① 控制点应选在结构稳定、高度合适、便于测量的地方。

② 控制点应成对布设在隧道侧墙上，在疏散平台侧应高于轨道面 1.2 ~ 1.3 m，非疏散平台侧应高于轨道面 1.2 m。

③ 控制点的预埋件应在控制网测量前埋设。

④ 控制点按照公里数递增进行编号。

⑤ 控制点编号应明显、清晰地标在隧道侧壁，且同一路段点号标志高度应统一。

（4）外业观测。

① 控制网采用自由测站边角交会的方法测量，每个自由测站观测 4 对控制点，测站间重复观测 3 对控制点。每个控制点有 4 个自由测站的方向和距离观测量，具体测量方法如图 1.19.1 所示。

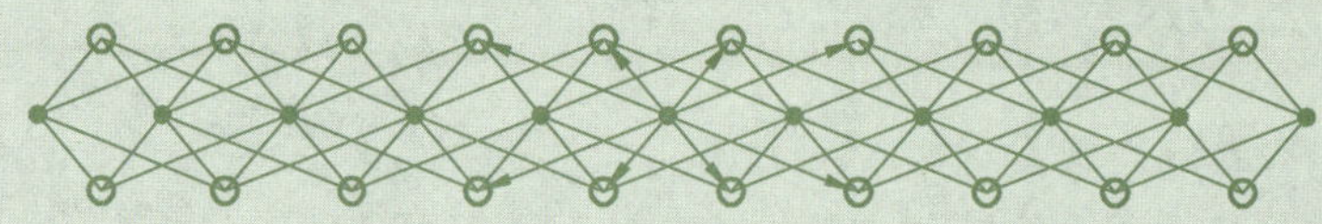

图 1.19.1　轨道平面控制测量

② 水平方向采用全圆方向观测法进行观测，水平方向观测应满足技术规定。

③ 距离观测采用多测回观测，同时观测温度和气压，温度读数精确至 0.2 °C，气压读数精确至 0.5 hPa。

④ 可根据施工需要分段测量，分段测量的区段长度不宜小于一个区间，区段间重复观测不应少于 3 对控制点。

（5）内业计算。

① 独立自由网平差。

② 固定约束平差。

五、实训注意事项

（1）夜间观测应注意避开强光源对观测的影响。

（2）安放棱镜组件时，应将预埋件内的杂物清理干净。

六、实训报告

1. 记录手簿（见表 1.19.6 ~ 1.19.10）

表 1.19.6　任意设站控制网平面控制测量观测手簿

线路：　　　　　　　　　　　　　　　　　　　　　　　第______页共______页

组号：　　　　　　　　　天气：　　　　　　测量日期：________年_____月_____日

任意测站点编号		温度		天气	
任意设站控制网	备注	任意设站控制网		备注	

任意测站、任意设站控制网点编号示意图

线路里程方向 ——→

说明：将任意测站点和任意设站控制网点的编号标记于上述示意图中。每一测站均应填写一张表格。

续表 1.19.7 任意设站控制网测量记录手簿

观测日期：　　天气　　成像：　　仪器型号：

测区折光系数：　　测站概略高程：　　m　　投影平均高程面：　　m　　平均地球半径：

测站点：　　仪器高：　　后视点：　　开始时间：　　结束时间：　　第　　组观测

测回	目标点	盘位	水平盘读数 /(° ′ ″)	2C /(″)	归零方向值 /(° ′ ″)	偏差 /(″)	竖盘读数 /(° ′ ″)	i/(″)	天顶角 /(° ′ ″)	偏差 /(″)	斜距 /m	平距 /m	偏差 /mm	觇标高 /m	
2															

续表 1.19.7　任意设站控制网测量记录手簿

观测日期：　　天气　　成像：　　仪器型号：

测区折光系数：　　测站概略高程：　m　　投影平均高程面：　m　　平均地球半径：

测站点：　　仪器高：　　后视点：　　开始时间：　　结束时间：　　第　组观测

测回	目标点	盘位	水平盘读数 /(° ′ ″)	2C /(″)	归零方向值 /(° ′ ″)	偏差 /(″)	竖盘读数 /(° ′ ″)	i/(″)	天顶角 /(° ′ ″)	偏差 /(″)	斜距 /m	平距 /m	偏差 /mm	觇标高 /m	
2															

续表 1.19.7　任意设站控制网测量记录手簿

观测日期：　　天气　　成像：　　仪器型号：

测区折光系数：　　测站概略高程：　m　　投影平均高程面：　m　　平均地球半径：

测站点：　　仪器高：　　后视点：　　开始时间：　　结束时间：　　第　组观测

序号	目标点	水平方向均值/(°′″)	归零方向均值/(°′″)	天顶角均值/(°′″)	斜距/m	平距/m	觇标高/m	高差/m	
1									
2									
3									
4									
5									
6									
7									
8									
9									

表 1.19.8 任意设置控制网方位角、边长及其相对精度成果记录手簿

序号	起点	终点	方位角 A /(° ′ ″)	中误差 M_A/(″)	边 长 S/m	中误差 M_S/mm	相对精度 S/M_S

表 1.19.9 任意设置控制网点间相对精度成果记录手簿

序 号	起 点	终 点	方位角 A/(° ′ ″)	M_A /(″)	边长 /m	M_S /mm	相对精度 S/M_S	E /mm	F /mm	P /mm	T /(° ′ ″)

表 1.19.10 任意设置控制网坐标平差值及其精度成果

序 号	点 名	坐 标/m		点位误差/mm		
		X	Y	M_X	M_Y	M_P

2. 实训小结

实训小结	

3. 思考题

（1）轨道平面控制测量外业观测的注意事项有哪些?

（2）轨道平面控制测量采用的全站仪应满足什么要求?

任务二十 轨道高程控制测量

一、实训目的

（1）了解相关测量资料，熟悉相关的施工图纸。
（2）熟悉国家、行业测量规范，掌握测量规范中的技术要求。
（3）掌握水准仪的使用方法。
（4）掌握地铁轨道高程控制测量的观测、记录及计算方法。
（5）培养精益求精的工匠精神和吃苦耐劳、团结协作的优良品质。

二、实训任务

采用矩形法水准路线测量，完成轨道高程控制网的布设、外业观测及数据处理。

三、实训仪器设备及工具

电子水准仪 1 套、水准尺 1 对，自备铅笔、小刀、记录手簿等。

四、实训方法及步骤

（1）指导教师讲解实训内容、方法、步骤及注意事项。
（2）技术要求。依据《城市轨道交通工程测量规范》（GB/T 50308—2017），相关技术要求见表 1.20.1 ~ 1.20.3。

表 1.20.1 水准测量技术要求

水准测量等级	每千米高差中数中误差/mm		环线或附水准合路线最大长度/km	水准仪等级	水准尺	观测次数		检测已测段高差之差/mm	往返较差、附合或环线闭合差/mm	左右路线高差不符值/mm
	偶然中误差 M_{Δ}	全中误差 M_w				与已知带点联测	附合或环线			
二等	±2	±4	40	DS1	因瓦尺或条码尺	往返测各一次	往返测各一次	$\pm 8\sqrt{L}$	$\pm 8\sqrt{L}$	$\pm 6\sqrt{L}$

注：L 为往返测段、附合或环线的水准路线长度，单位 km；

表 1.20.2　水准测量观测的视线长度、视距差、视线高度要求

等级	视线长度		水准仪类型	前后视距差/m	前后视距累计差/m	视线高度/m
	仪器等级	视距				
二等	DS1	≤60	光学水准仪	≤2.0	≤4.0	下丝读数≥0.3
			电子水准仪	≤2.0	≤6.0	≥0.55 且≤2.8

表 1.20.3　水准测量测站观测限差

等级	上下丝读数平均值与中丝读数之差/mm	基、辅分划读数之差/mm	基、辅分划所测高差之差/mm	检测间歇点高差之差/mm
二等	3.0	0.5	0.7	2.0

（3）点位布设。

① 控制点应选在结构稳定、高度合适、便于测量的地方。

② 控制点应成对布设在隧道侧墙上，在疏散平台侧应高于轨道面 1.2 ~ 1.3 m，非疏散平台侧应高于轨道面 1.2 m，

③ 控制点的预埋件应在控制网测量前埋设。

④ 控制点按照公里数递增进行编号。

⑤ 控制点编号应明显、清晰地标在隧道侧壁，且同一路段点号标志高度应统一。

（4）外业观测。

① 应附合于既有的线路水准控制点、调线调坡高程控制点或地下高程控制点上。

② 每 1 km 左右应联测一个高程控制点，水准路线闭合长度不宜大于 2 km。

③ 采用矩形法水准路线进行观测，每相邻两对控制点之间构成一个闭合环，如图 1.20.1 所示。

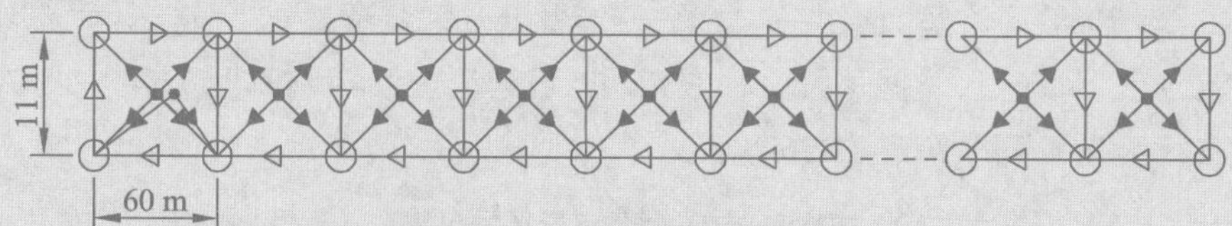

图 1.20.1　矩形法高程测量

④ 联测时应采用独立往返水准测量方法进行。

⑤ 高程测量可根据需要分段测量，分段测量的区段长度不应小于 2 km，区段间重复观测不应少于 3 对控制点。

（5）高程数据处理。

① 测站数据检核。

② 水准路线数据检核。

③ 以联测的高程控制点为起算数据进行约束平差。

④ 高程区段接边处理。

⑤ 高程成果取用。

五、实训注意事项

1. 以联测的高程控制点为起算数据进行约束平差，平差后高程中误差不大于 ±2 mm，相邻点高差中误差不大于 ±1 mm。

2. 区段之间衔接时，前后区段独立平差重叠点高程差值应≤ ±3 mm。

六、实训报告

1. 记录手簿（见表 1.20.4、表 1.20.5）

表 1.20.4　隧道洞外二等水准测量记录手簿

日　期:　　　　　　　　天　气:　　　　　　　　仪　器:
组　别:　　　　　　　　观　测:　　　　　　　　记　录:

<table>
<tr><td rowspan="5">测站编号</td><td>视距/m</td><td rowspan="5">方向及尺号</td><td colspan="2" rowspan="2">标尺读数/m</td><td rowspan="5">两次读数差/m</td><td rowspan="5">高差中数/m</td><td rowspan="5">备注</td></tr>
<tr><td>后视</td></tr>
<tr><td>前视</td><td rowspan="3">一次</td><td rowspan="3">二次</td></tr>
<tr><td>视距差 d</td></tr>
<tr><td>∑d</td></tr>
<tr><td rowspan="4"></td><td></td><td>后</td><td></td><td></td><td></td><td></td><td rowspan="16"></td></tr>
<tr><td></td><td>前</td><td></td><td></td><td></td><td></td></tr>
<tr><td></td><td>后－前</td><td></td><td></td><td></td><td></td></tr>
<tr><td></td><td colspan="5"></td></tr>
<tr><td rowspan="4"></td><td></td><td>后</td><td></td><td></td><td></td><td></td></tr>
<tr><td></td><td>前</td><td></td><td></td><td></td><td></td></tr>
<tr><td></td><td>后－前</td><td></td><td></td><td></td><td></td></tr>
<tr><td></td><td colspan="5"></td></tr>
<tr><td rowspan="4"></td><td></td><td>后</td><td></td><td></td><td></td><td></td></tr>
<tr><td></td><td>前</td><td></td><td></td><td></td><td></td></tr>
<tr><td></td><td>后－前</td><td></td><td></td><td></td><td></td></tr>
<tr><td></td><td colspan="5"></td></tr>
<tr><td rowspan="4"></td><td></td><td>后</td><td></td><td></td><td></td><td></td></tr>
<tr><td></td><td>前</td><td></td><td></td><td></td><td></td></tr>
<tr><td></td><td>后－前</td><td></td><td></td><td></td><td></td></tr>
<tr><td></td><td colspan="5"></td></tr>
</table>

表 1.20.5　二等水准测量往返线路计算表

日　期:　　　　　　　　天　气:　　　　　　　　仪　器:

组　别:　　　　　　　　观　测:　　　　　　　　记　录:

点名	往测		返测		测段				高差改正数/mm	改正后高差/m	高程/m
	距离/km	高差/m	距离/km	高差/m	平均距离/km	往返测不符值/mm	不符值限差/mm	平均高差/m			
$\sum$											
计算校核	已知点稳定性检验: 偶然中误差 M_{Δ} = 注：按距离进行闭合差分配										

2. 实训小结

实训小结	

3. 思考题

（1）轨道高程控制测量的方法有哪几种?

（2）绘图说明矩形法水准路线观测步骤。

学习笔记

任务二十一 轨道精调测量

一、实训目的

（1）了解相关测量资料，熟悉相关的施工图纸。

（2）熟悉国家、行业测量规范，掌握测量规范中的技术要求。

（3）掌握全站仪、轨检小车的使用方法。

（4）掌握轨道精调测量的方法。

（5）培养精益求精的工匠精神和吃苦耐劳、团结协作的优良品质。

二、实训任务

在某段轨道上，用轨检小车采集数据，通过软件进行数据处理，完成轨道调整。

三、实训仪器设备及工具

全站仪 1 套、棱镜若干、轨检小车 1 套、轨道精调软件 1 套，自备铅笔、小刀、记录手簿等。

四、实训方法及步骤

（1）指导教师讲解实训内容、方法、步骤及注意事项。

（2）组装轨检小车。两个人分别固定住小车的双轮端和测距轮端，拧紧螺丝完全紧固，抬小车平稳放置于轨道上。

（3）新建测量文件。测量文件建立后将小车参数读入测量文件中。

（4）读取小车配置及轨检小车斜率校准。轨检小车斜率校准一般在小车受到碰撞、气温急剧变化时进行校准，可在每天进行数据采集前进行斜率校准，如无其他变化则无须再次校准。

（5）在全站仪内新建一个作业。新建作业后，将控制点文件导入作业内。

（6）全站仪设站。将全站仪在靠近线路中心位置进行设站（设站采用后方交会），后视轨道控制点，每站后视 6 个控制点，由机载软件解算出测站三维坐标。

（7）选取一个控制点进行放样。放样时选取距全站仪最远的点，记录其数据。本站数据采集完成后，再次放样同一个控制点，比较两次放样数据。若两次数据差值小于 2 mm，可迁站；若大于 2 mm，则本站数据作废，需重新设站采集。

（8）轨道精调。设站完成后，轨道几何状态测量仪由测量人员推着在轨道上缓慢移动，由远及近地靠近全站仪进行精调测量。

（9）数据分析处理。

（10）现场调整作业。

五、实训注意事项

（1）测量文件的建立以工作日为段，文件命名为“里程+日期”。

（2）全站仪设站时应根据天气情况确定设站距离，一般以 60 m 为宜，如遇高温、大风等恶劣天气，应适当缩短距离，以测量数据稳定为准。

（3）全站仪自由设站时，平差后坐标中误差应在 1 mm 以内，方向中误差应在 2″以内。

（4）全站仪自由设站时，优先剔除远离轨道几何状态测量仪所在一侧的控制点，最后要确保选用的控制点覆盖本测站的测量范围。

（5）精调时，小车稳定后才可以进行测量。

（6）测量过程中轨检小车逐渐靠近全站仪，最近不少于 5 m。

（7）相邻测站应有一定的交叠区域。

六、实训报告

1. 记录手簿（见表 1.21.1）

表 1.21.1　轨道精调测量记录手簿

轨道描述：　　　　　　　　无砟轨道类型：　　　　　　　　计算时间：
轨道：　　　　　　　　　　测量时间：　　　　　　　　　　计算小组：
开始里程：　　结束里程　　测量小组：
开始施工里程　　结束施工里程　　备注/仪器：

测量点(MP)	轨枕No.	里程/km	绝对精度 (+)=铁轨低于偏左于设计值 调整量/mm 高程(竖曲线) 最大|10 mm|	绝对精度 (+)=铁轨低于偏左于设计值 调整量/mm 水平(平曲线) 最大|10 mm|	超高/mm 设计值	超高/mm 测量值	超高/mm 偏差/mm 最大|2 mm|	轨距/mm 设计值	轨距/mm 测量值	轨距/mm 偏差 最大|2 mm|	高低（低轨）不平顺性30 m弦 检核点/MP+5 m	高低（低轨）不平顺性30 m弦 设计值/mm	高低（低轨）不平顺性30 m弦 测量值/mm	高低（低轨）不平顺性30 m弦 偏差/mm 最大|2 mm|	高低（低轨）不平顺性300 m弦 检核点/MP+150 m	高低（低轨）不平顺性300 m弦 设计值/mm	高低（低轨）不平顺性300 m弦 测量值/mm	高低（低轨）不平顺性300 m弦 偏差/mm 最大|10 mm|	轨向(高轨) 不平顺性30 m弦 检核点MP+5 m	轨向(高轨) 不平顺性30 m弦 设计值/mm	轨向(高轨) 不平顺性30 m弦 测量值/mm	轨向(高轨) 不平顺性30 m弦 偏差/mm 最大|2 mm|	轨向(高轨) 不平顺性300 m弦 检核点MP+150 m	轨向(高轨) 不平顺性300 m弦 设计值/mm	轨向(高轨) 不平顺性300 m弦 测量值/mm	轨向(高轨) 不平顺性300 m弦 偏差/mm 最大|10 mm|

2. 实训小结

实训小结	

3. 思考题

（1）轨道精调包括哪些内容?

（2）什么是轨距?

任务二十二　建筑物定位测量

一、实训目的

（1）了解相关测量资料，熟悉相关的施工图纸。

（2）熟悉国家、行业测量规范，掌握测量规范中的技术要求。

（3）掌握全站仪的使用方法。

（4）掌握根据已有建筑物进行建筑物定位的方法。

（5）培养精益求精的工匠精神和吃苦耐劳、团结协作的优良品质。

二、实训任务

根据已有建筑与待建房屋的平面位置关系图，测设出待建房屋的四个角桩 A、B、C、D。待放样房屋的长度为 l，宽度为 w。

三、实训仪器设备及工具

全站仪 1 套、棱镜 1 个、对中杆 1 个、钢尺 1 把、木桩若干、斧头 1 把，自备铅笔、小刀、记录手簿等。

四、实训方法及步骤

（1）如图 1.22.1 所示，从实验楼东、西墙延伸出一小段距离 d，分别定出 a、b 两点（钢尺延伸至端墙内 3 ~ 4 m）。

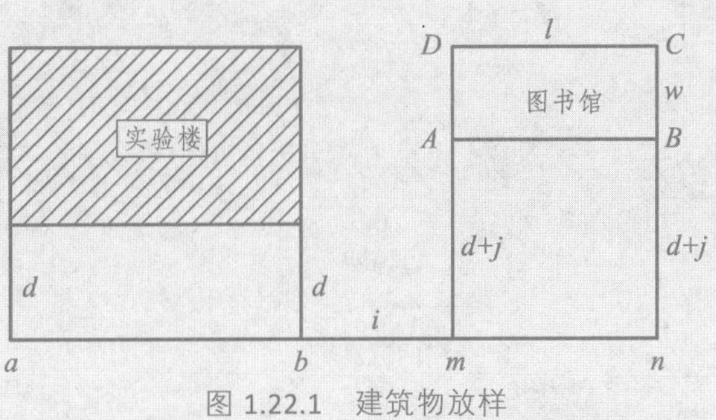

图 1.22.1　建筑物放样

（2）将全站仪置于 b 点照准 a 点，拨 180°，从 b 点沿视线方向量取 i，定点为 m 点，量取 $i+l$ 定点 n 点。

（3）将全站仪置于 m 点，瞄准 a 点，用正倒镜分中的方法测设 90°角，沿视

线方向量取 $d+j$ 得 A 点，量取 $d+j+w$ 得 D 点。

（4）将全站仪置于 n 点，瞄准 a 点，用正倒镜分中的方法测设 90°角，沿视线方向量取 $d+j$ 得 B 点，量取 $d+j+w$ 得 C 点。

（5）用全站仪观测四个角各两个测回，取平均值（理论值为 90°），其角度误差应小于 ±40″。

（6）丈量 AB、CD 的距离，相对误差（与设计长度的相对误差）应小于 1/2 000。

五、实训注意事项

（1）用钢尺延长 d 值时，钢尺应紧贴墙面目的是端墙的延伸线不能偏离端墙。

（2）测设 90°角一定要采用正倒镜分中法。

六、实训报告

1. 记录手簿（见表 1.22.1）

表 1.22.1　建筑物平面放样记录手簿

日　期：　　天　气：　　仪　器：

组　别：　　观　测：　　记　录：

延长 $d=$		轴线长 $AB=DC$	备注：
间距 $bm=$		$AD=BC$	
支距 $mA=nB$			

2. 实训小结

实训小结	

3. 思考题

（1）拨角时为什么要采用正倒镜分中法?

（2）测设点位时的误差有哪几项?

学习笔记

第二部分　综合实训

一、实训目的

综合实训是课程教学结束后进行的集中强化训练，通过综合实训，使学生了解测量技术在交通土建工程中的重要作用，掌握平面控制测量、高程控制测量、施工测量的方法。在实训过程中，熟悉国家、行业测量规范，掌握测量规范中的技术要求，能根据相关的施工图纸进行施工放样。通过实训旨在培养学生分析问题、解决问题的能力和严谨细致、精益求精的工匠精神以及吃苦耐劳、团结协作的品质，增强学生的职业能力和职业素养。

二、实训仪器设备及工具

全站仪 1 套、棱镜 2 个、对中杆 2 个，水准仪 1 套、水准尺 1 对、尺垫 2 个、木桩若干，自备铅笔、小刀、记录手簿等。

三、实训要求

（1）严格遵守实训作业时间，按时到达实训场地。严禁旷课、迟到、早退，有事、有病请假。

（2）严禁在实训场地上相互打闹玩耍，做与实训无关事项，以免影响实训。

（3）注意人身和仪器的安全，做好劳动保护，遵守相关规定，严格按照规范要求操作仪器，如若没按规定执行，造成后果本人承担。

（4）实训期间，晚自习正常并完成相关任务。

（5）实训日记与实训报告应围绕实训项目，主要总结收获、解决问题的办法等与实训相关的内容。

（6）实训报告要求字迹清晰、书写整齐、计算准确、资料完整。

任务一　全站仪导线测量

一、实训任务

已知控制点 $A(X_A, Y_A)$、$B(X_B, Y_B)$、$C(X_C, Y_C)$、$D(X_D, Y_D)$，如表 2.1.1 所示，在测区范围内布设附合导线，按照一级导线的精度求待定点 1、2、3、4 点的坐标。

表 2.1.1　已知控制点坐标

点号	X/m	Y/m	位置

二、实训技术要求

依据《铁路工程测量规范》（TB 10101—2018），一级导线测量的技术要求，见表 2.1.2～2.1.6。

表 2.1.2　导线测量主要技术要求

等级	测角中误差/（″）	测距相对中误差	方位角闭合差/（″）	导线全长相对闭合差	测回数	
					1″级仪器	2″级仪器
一级	4	1/50000	$\pm 8\sqrt{n}$	1/20 000	2	2

表 2.1.3　水平角方向观测法主要技术要求

等级	仪器等级	半测回归零差/（″）	一测回内各方向 2C 互差/（″）	同一方向值各测回较差/（″）
一级	2″级仪器	12	18	12
	6″级仪器	18	—	24

表 2.1.4　测距仪器精度分级

精度等级	测距标准偏差
Ⅰ	$m_d \leqslant 1\ \text{mm}+1\times10^{-6}D$
Ⅱ	$1\ \text{mm}+1\times10^{-6}D < m_d \leqslant 3\ \text{mm}+2\times10^{-6}D$
Ⅲ	$3\ \text{mm}+2\times10^{-6}D < m_d \leqslant 5\ \text{mm}+5\times10^{-6}D$
Ⅳ	$5\ \text{mm}+5\times10^{-6}D < m_d \leqslant 10\ \text{mm}+10\times10^{-6}D$

表 2.1.5　边长测量技术要求

等级	测距仪器精度等级	每边测回数		一测回读数较差/mm	测回间较差/mm
		往测	返测		
一级	Ⅰ	1	1	2	—
	Ⅱ			5	—
	Ⅲ	2	2	10	15
	Ⅳ			20	30

表 2.1.6　气压、温度读数精度要求

测量等级	干湿温度计读数/°C	气压表读数/hPa
一级	1	2

三、实训技术设计

四、实训手簿（见表 2.1.7～2.1.9）

导线布置图

表 2.1.7　导线方向观测记录手簿

日　期：　　　　天　气：　　　　仪　器：

组　别：　　　　观　测：　　　　记　录：

测站	测回	照准点	读数/(° ′ ″)		2C/(″)	2C互差/(″)	盘左盘右平均值/(° ′ ″)	归零后方向值/(° ′ ″)	各测回归零方向值的平均值/(° ′ ″)	略图
			盘左	盘右						

续表 2.1.7　导线方向观测记录手簿

日　期：　　天　气：　　仪　器：

组　别：　　观　测：　　记　录：

测站	测回	照准点	读数/(° ′ ″)		2C/(″)	2C 互差/(″)	盘左盘右平均值/(° ′ ″)	归零后方向值/(° ′ ″)	各测回归零方向值的平均值/(° ′ ″)	略图
			盘左	盘右						

表 2.1.8　导线距离观测记录手簿

日　期：　　天　气：　　仪　器：　　组　别：　　观　测：　　记　录：

仪器加常数 $a=$ 　mm　乘常数 $b=$ 　1×10^{-6}												
测边		气压/hPa	温度/°C	各测回平距/m				平均值/m	仪器常数改正值/mm	改正后边长/m	改正后往返边长平均值/m	改正后往返边长较差/mm
				测回 1		测回 2						
测站	测点			盘左	盘右	盘左	盘右					

注：取位至 1 mm

表 2.1.9　导线测量坐标计算

日　期：　　　　天　气：　　　　组　别：　　　　计算：　　　　复核：

点 号	观测角/(° ′ ″)	改正数/(″)	方位角/(° ′ ″)	平距/m	坐标增量/m		改正数/mm		改正后坐标增量/m		平差后坐标/m	
					ΔX	ΔY	X	Y	ΔX	ΔY	X	Y

1. 角度闭合差检验：

2. 实测测角中误差：

3. 网的平均测距中误差：

4. 测距相对中误差：

5. 导线全长相对闭合差：

注：（1）角度按° ′ ″计，角度改正值按″计，均取位至 0.1″；
（2）边长、坐标增量、改正后增量以 m 计，增量改正值以 mm 计，均取位至 0.1 mm；
（3）坐标以 m 计，取位至小数点后 3 位。

五、实训技术总结

学习笔记

任务二 四等水准测量

一、实训任务

已知 BM_A 点和 BM_B 点的高程，采用附合水准路线，按照四等水准测量，测定待定点 1、2、3 点的高程。

二、实训技术要求

依据《铁路工程测量规范》（TB 10101—2018），四等水准测量的技术要求，见表 2.2.1 ~ 2.2.5。

表 2.2.1 高程控制网的技术要求

水准测量等级	每千米水准测量偶然中误差 M_Δ/mm	每千米水准测量全中误差 M_w/mm	附合路线或环线周长的长度/km	
			附合路线长	环线周长
四等	≤5	≤10	≤80	≤100

表 2.2.2 水准测量限差要求

水准测量等级	测段、路线往返测高差不符值/mm		测段、路线左右路线高差不符值/mm	附合路线或环线闭合差/mm		检测已测测段高差/mm
	平原	山区		平原	山区	
四等	$\pm 20\sqrt{K}$	$\pm 4\sqrt{n}$	$\pm 14\sqrt{K}$	$\pm 20\sqrt{L}$	$\pm 25\sqrt{L}$	$\pm 30\sqrt{R_i}$

表 2.2.3 水准测量主要技术要求

等级	水准仪最低等级	水准尺类型	视距/m		前后视距差/m		测段的前后视距累积差/m		视线高度/m		数字水准仪重复测量次数
			光学	数字	光学	数字	光学	数字	光学（下丝读数）	数字	
四等	DS1	双面木尺 单面条码	≤150	≤100	≤3.0	≤5.0	≤10.0	≤10.0	三丝能读数	≥0.35	1 次
	DS3	双面木尺 单面条码	≤100	≤100							

表 2.2.4 水准测量观测方法

等级	观测方式		观测顺序
	与已知点联测	附合或环线	
四等	往返/左右路线	往返/左右路线	后－后－前－前或 后－前－前－后

表 2.2.5 水准观测测站限差

等级、项目	同一标尺两次读数之差/mm	同一测站前后标尺两次读数高差之差/mm	检查间歇点高差之差/mm
四等	3	5	5

三、实训技术设计

四、实训手簿（见表 2.2.6～2.2.8）

水准路线布置图

表 2.2.6　四等水准测量外业记录手簿

日　期：________　组　别：________　观测者：________　记录者：________

测点编号	后尺 下丝	前尺 下丝	方向及尺号	标尺读数		K+黑减红/mm	高差中数/m	备注
	后尺 上丝	前尺 上丝		黑面/m	红面/m			
	后距/m	前距/m						
	视距差/m	累加差/m						
～	（1）	（5）	后尺 1#	（3）	（4）	（13）	（18）	
	（2）	（6）	前尺 2#	（7）	（8）	（14）		
	（9）	（10）	后－前	（15）	（16）	（17）		
	（11）	（12）						
～								
～								水准尺编号：
								尺 1#
								K=
～								尺 2#
								K=
～								
～								
～								

续表 2.2.6　四等水准测量外业记录手簿

日　期：________　组　别：________　观测者：________　记录者：________

测点编号	后尺 下丝	前尺 下丝	方向及尺号	标尺读数		K+黑减红/mm	高差中数/m	备注
	后尺 上丝	前尺 上丝		黑面/m	红面/m			
	后距/m	前距/m						
	视距差/m	累加差/m						
≀								
≀								
								水准尺编号：
								尺 1# K=
≀								
								尺 2# K=
≀								
≀								
≀								

续表 2.2.6　四等水准测量外业记录手簿

日　期：________　组　别：________　观测者：________　记录者：________

<table>
<tr><td rowspan="4">测点编号</td><td rowspan="2">后尺</td><td>下丝</td><td rowspan="2">前尺</td><td>下丝</td><td rowspan="4">方向及尺号</td><td colspan="2">标 尺 读 数</td><td rowspan="4">K+黑减红/mm</td><td rowspan="4">高差中数/m</td><td rowspan="4">备　注</td></tr>
<tr><td>上丝</td><td>上丝</td><td rowspan="3">黑面/m</td><td rowspan="3">红面/m</td></tr>
<tr><td colspan="2">后距/m</td><td colspan="2">前距/m</td></tr>
<tr><td colspan="2">视距差/m</td><td colspan="2">累加差/m</td></tr>
<tr><td rowspan="4">∫</td><td colspan="2"></td><td colspan="2"></td><td></td><td></td><td></td><td></td><td rowspan="3"></td><td rowspan="24">水准尺编号：
尺 1#
K=

尺 2#
K=</td></tr>
<tr><td colspan="2"></td><td colspan="2"></td><td></td><td></td><td></td><td></td></tr>
<tr><td colspan="2"></td><td colspan="2"></td><td></td><td></td><td></td><td></td></tr>
<tr><td colspan="2"></td><td colspan="2"></td><td colspan="5"></td></tr>
<tr><td rowspan="4">∫</td><td colspan="2"></td><td colspan="2"></td><td></td><td></td><td></td><td></td><td rowspan="3"></td></tr>
<tr><td colspan="2"></td><td colspan="2"></td><td></td><td></td><td></td><td></td></tr>
<tr><td colspan="2"></td><td colspan="2"></td><td></td><td></td><td></td><td></td></tr>
<tr><td colspan="2"></td><td colspan="2"></td><td colspan="5"></td></tr>
<tr><td rowspan="4">∫</td><td colspan="2"></td><td colspan="2"></td><td></td><td></td><td></td><td></td><td rowspan="3"></td></tr>
<tr><td colspan="2"></td><td colspan="2"></td><td></td><td></td><td></td><td></td></tr>
<tr><td colspan="2"></td><td colspan="2"></td><td></td><td></td><td></td><td></td></tr>
<tr><td colspan="2"></td><td colspan="2"></td><td colspan="5"></td></tr>
<tr><td rowspan="4">∫</td><td colspan="2"></td><td colspan="2"></td><td></td><td></td><td></td><td></td><td rowspan="3"></td></tr>
<tr><td colspan="2"></td><td colspan="2"></td><td></td><td></td><td></td><td></td></tr>
<tr><td colspan="2"></td><td colspan="2"></td><td></td><td></td><td></td><td></td></tr>
<tr><td colspan="2"></td><td colspan="2"></td><td colspan="5"></td></tr>
<tr><td rowspan="4">∫</td><td colspan="2"></td><td colspan="2"></td><td></td><td></td><td></td><td></td><td rowspan="3"></td></tr>
<tr><td colspan="2"></td><td colspan="2"></td><td></td><td></td><td></td><td></td></tr>
<tr><td colspan="2"></td><td colspan="2"></td><td></td><td></td><td></td><td></td></tr>
<tr><td colspan="2"></td><td colspan="2"></td><td colspan="5"></td></tr>
<tr><td rowspan="4">∫</td><td colspan="2"></td><td colspan="2"></td><td></td><td></td><td></td><td></td><td rowspan="3"></td></tr>
<tr><td colspan="2"></td><td colspan="2"></td><td></td><td></td><td></td><td></td></tr>
<tr><td colspan="2"></td><td colspan="2"></td><td></td><td></td><td></td><td></td></tr>
<tr><td colspan="2"></td><td colspan="2"></td><td colspan="5"></td></tr>
</table>

续表 2.2.6　四等水准测量外业记录手簿

日　期：________　组　别：________　观测者：________　记录者：________

测点编号	后尺 下丝 / 上丝 后距/m 视距差/m	前尺 下丝 / 上丝 前距/m 累加差/m	方向及尺号	标尺读数 黑面/m	标尺读数 红面/m	K+黑减红/mm	高差中数/m	备　注
～								
～								
								水准尺编号： 尺 1# K= 尺 2# K=
～								
～								
～								
～								

续表 2.2.6　四等水准测量外业记录手簿

日　期：________　组　别：________　观测者：________　记录者：________

测点编号	后尺 下丝	前尺 下丝	方向及尺号	标尺读数		K+黑减红/mm	高差中数/m	备注
	后尺 上丝	前尺 上丝		黑面/m	红面/m			
	后距/m	前距/m						
	视距差/m	累加差/m						
～								
～								
								水准尺编号：
								尺 1# K=
～								
								尺 2# K=
～								
～								
～								

续表 2.2.6　四等水准测量外业记录手簿

日　期：________　组　别：________　观测者：________　记录者：________

测点编号	后尺 下丝	前尺 下丝	方向及尺号	标尺读数		K+黑减红/mm	高差中数/m	备　注
	后尺 上丝	前尺 上丝		黑面/m	红面/m			
	后距/m	前距/m						
	视距差/m	累加差/m						
～								
～								水准尺编号： 尺 1# K= 尺 2# K=
～								
～								
～								
～								

表 2.2.7　测段检核计算表

日　期：＿＿＿＿＿＿　组　别：＿＿＿＿＿＿　计算者：＿＿＿＿＿＿　复核者：＿＿＿＿＿＿

测段	方向	视距累加差检核/m		总视距/m	总高差检核/m			往返闭合差/mm	测段长度/km	允许闭合差/m	是否合格	测段高差/m
		$\sum(9)-\sum(10)$	$\sum(12)$	$\sum(9)+\sum(10)$	$\sum(18)$	$\frac{1}{2}[\sum(15)+\sum(16)]$	$\frac{1}{2}\{\sum[(3)+(4)]+\sum[(7)+(8)]\}$					
~	往											
	返											
~	往											
	返											
~	往											
	返											
~	往											
	返											
~	往											
	返											
~	往											
	返											

表 2.2.8　闭合差调整与高程计算表

点号	测段长度/km	测段高差/m	高差改正数/mm	改正后高差/m	高程/m
1	2	3	4	5	6
∑					
辅助计算					

五、实训技术总结

任务三 线路中线测量

一、实训任务

某线路曲线段的已知数据见表 2.3.1，计算 JD28 处曲线要素、主点里程以及主点和中桩点的坐标(缓和曲线上 10 m 一个点、圆曲线上 20 m 一个点)。

表 2.3.1 曲线已知元素

点号	X/m	Y/m	桩号	转角、(Z/Y)	曲线半径/m	缓和曲线长/m
JD27	587034.713	463009.450	K75+789.584			
JD28	587496.035	461831.156	K77+043.577	58°24′03″(Y)	900	200
JD29	588639.694	461625.014	K78+117.922			

二、实训计算手簿

实训计算手簿（见表 2.3.2）

表 2.3.2 逐桩坐标计算

桩号	里程	坐标/m		桩号	里程	坐标/m	
		X（N）	Y（E）			X（N）	Y（E）

续表 2.3.2 逐桩坐标计算

桩号	里程	坐标/m		桩号	里程	坐标/m	
		X（N）	Y（E）			X（N）	Y（E）

续表 2.3.2　逐桩坐标计算

桩号	里程	坐标/m		桩号	里程	坐标/m	
		X(N)	Y(E)			X(N)	Y(E)

计　算　纸

注：请分别在直线段、第一缓和曲线段、圆曲线段、第二缓和曲线段选择一点，将中桩坐标的计算过程写于计算纸上。

计　算　纸

注：请分别在直线段、第一缓和曲线段、圆曲线段、第二缓和曲线段选择一点，将中桩坐标的计算过程写于计算纸上。

计 算 纸

注：请分别在直线段、第一缓和曲线段、圆曲线段、第二缓和曲线段选择一点，将中桩坐标的计算过程写于计算纸上。

任务四　桥墩台中心的测设

一、实训任务

某铁路桥位于曲线上，桥梁采用平分中矢法布置，桥梁偏距 E 标注在桥梁曲线布置图上，单位为 mm，左右线间距为 4.6 m，按左线中心线里程进行计算。已知数据如表 2.4.1、表 2.4.2 所示，桥梁曲线布置及 1、12 号桥墩布置如图 2.4.1 ~ 图 2.4.3 所示，试计算各墩台中心坐标及 1、12 号桥墩钻孔桩的坐标。

表 2.4.1　交点坐标

交点序号	桩号	X/m	Y/m
QD	DK24+000.000	13 2467.644	99 961.963
JD3	DK28+774.557	128 063.006	98 119.259
JD4	DK33+526.253	123 563.807	96 589.824

表 2.4.2　JD3 线路参数

曲线半径/m	12 000	第一缓和曲线长/m	370.00
转向角	3°55′39.2″	第二缓和曲线长/m	370.00

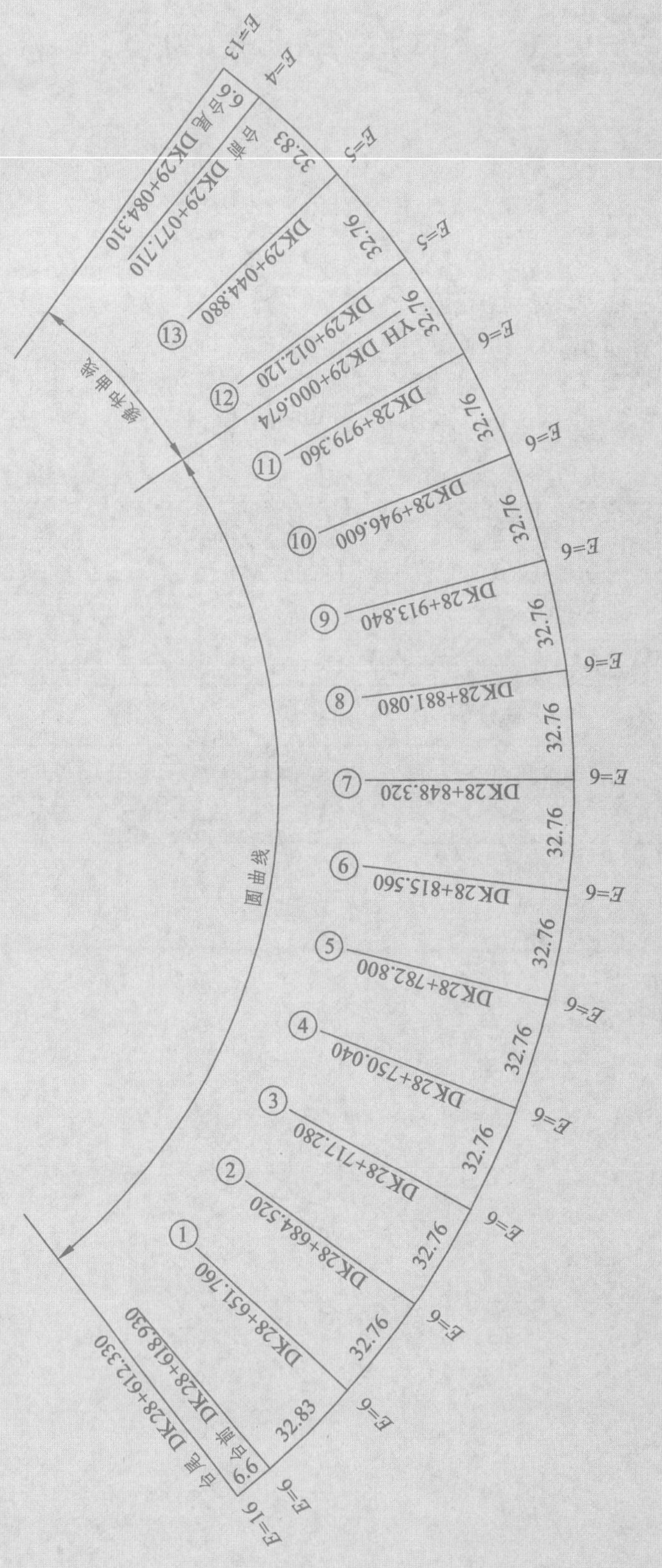

图 2.4.1　桥梁曲线布置图

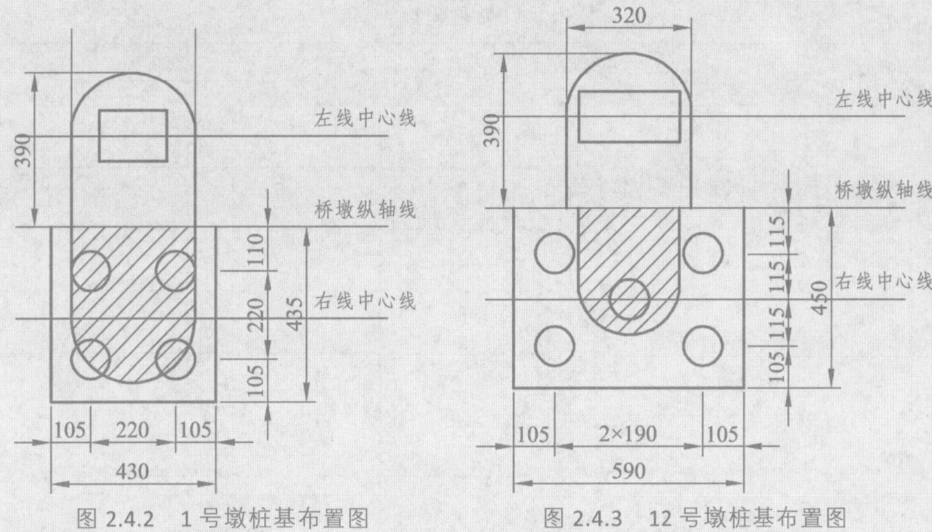

图 2.4.2　1 号墩桩基布置图

图 2.4.3　12 号墩桩基布置图

二、实训计算手簿（见表 2.4.3、表 2.4.4）

表 2.4.3　墩台中心坐标计算

墩台号	里程	X/m	Y/m

表 2.4.4　桩位坐标计算

墩台号	里程	钻孔桩号	X/m	Y/m

计　算　纸

注：请将任一钻孔桩坐标的计算过程写于计算纸上。

计　算　纸

注：请将任一钻孔桩坐标的计算过程写于计算纸上。

计　算　纸

注：请将任一钻孔桩坐标的计算过程写于计算纸上。

实训日记

天气：＿＿＿＿＿＿＿＿ 年 月 日
天气：＿＿＿＿＿＿＿＿ 年 月 日
天气：＿＿＿＿＿＿＿＿ 年 月 日

天气：________________ 年 月 日

天气：________________ 年 月 日

天气：________________ 年 月 日

天气：________　　　　　　　年　　月　　日

天气：________　　　　　　　年　　月　　日

天气：________　　　　　　　年　　月　　日

天气：________　　年　月　日

天气：________　　年　月　日

天气：________　　年　月　日

天气：________　　　　　　　　年　　月　　日

天气：________　　　　　　　　年　　月　　日

天气：________　　　　　　　　年　　月　　日

天气：________________　　　　　　年　　月　　日

天气：________________　　　　　　年　　月　　日

天气：________________　　　　　　年　　月　　日

天气：________________　　　　年　　月　　日

天气：________________　　　　年　　月　　日

天气：________________　　　　年　　月　　日

实训总结

年　　月　　日

参 考 文 献

[1] 中国铁路设计集团有限公司. 铁路工程测量手册[M]. 北京：人民交通出版社股份有限公司，2017.

[2] 中铁二院工程集团有限责任公司. 铁路工程测量规范[M]. 北京：中国铁道出版社，2019.

[3] 中铁二院工程集团有限责任公司. 高速铁路工程测量规范[M]. 北京：中国铁道出版社，2009.

[4] 中华人民共和国住房和城乡建设部. 城市轨道交通工程测量规范[M]. 北京：中国建筑工业出版社，2017.

[5] 张福荣. 工程测量基础实训指导与报告书[M]. 成都：西南交通大学出版社，2022.

[6] 张福荣.工程测量基础[M]（第 2 版）. 成都：西南交通大学出版社，2023.

[7] 张志刚，冯海鹏等. 线桥隧施工测量[M]（第 2 版）. 成都：西南交通大学出版社，2022.

[8] 中铁八局集团有限公司、中铁一局集团有限公司高速铁路桥涵工程. 高速铁路轨道工程施工质量验收标准[M]. 北京：中国铁道出版社，2019.

[9] 覃辉，马超，朱茂栋. 南方 MSMT 道路桥梁隧道施工测量[M]. 上海：同济大学出版社，2018.

[10] 中铁三局集团有限公司、中铁六局集团有限公司. 高速铁路桥涵工程施工质量验收标准[M]. 北京：中国铁道出版社，2019.

[11] 中铁隧道局集团有限公司，中铁十九局集团有限公司. 高速铁路隧道工程施工质量验收标准[M]. 北京：中国铁道出版社，2019.

[12] 刘祖军，梁斌. 工程测量[M]（第二版）. 北京：中国铁道出版社有限公司，2021.

[13] 罗天宇，宋运辉. 高速铁路施工测量[M]. 北京：人民交通出版社股份有限公司，2020.

[14] 任晓春. 高速铁路精密工程测量技术[M]. 成都：西南交通大学出版社，2021.